明治42年(1909)、24歳、記念アルバムより。

大正元年(1912)、28歳、一年志願兵の仲間と(右から4人目)。

大正6年（1917）、33歳、アメリカ留学前に西条学舎にて（中央）。

昭和10（1935）～13年（1938）頃、51～54歳、興中公司社長時代。

昭和33年（1958） 11月1日、74歳、特急こだま（東京駅—大阪・神戸駅間）開通式。

昭和38年(1963)5月20日、79歳、国鉄総裁退任の日、東京駅頭にて。

昭和38年(1963)7月17日、79歳、「十河信二を犒《ねぎら》う会」
(於・精養軒)にて、吉田茂元首相と。

ウェッジ文庫

有　法　子

十河信二自伝

十河信二

ウェッジ

序

国鉄では私のことを「おやぢ」というている。愛称ではあろうが、私の国鉄勤めは三十年ぶりであったし、事実年齢的にも職員とは非常なちがいがあるので、その間に断層のあるのが普通である。私はこの断層を努力によって解消し、同じ時代認識の下に国鉄再建のために精進しなければならぬと決意した。国鉄は、国家経済の中枢、大動脈であって、従業員四十五万人を擁する大企業である。したがって、全職員が国民に奉仕する誇りに徹し、愛によって結ばれた一家のごとく、秩序と規律ある働きが要請せらるるのである。私は就任以来、新聞、雑誌、ラジオないしは手紙による国鉄ならびに私に対する批判、苦言を重視し、日課としてこれに目を通し、悉くこれに答えてきた。天の声として聞いているのである。また全国を行脚し、親しく大衆に接触し、地方労組関係者や、その家族とも、つとめて話合う機会をもった。全国的に散在する数多い職員と理解しあうことは容易なことでない。しかし、むずかしいことであっても、国鉄内部の和をはかり、運営の円滑を期する上において、どうしてもやらねばならぬことである。

同時に「おやぢ」といわれる私個人について、あらゆる角度から見てもらいたいし、私の過去についてもよく知ってもらうことが、親和の礎となると考えた。そこで「おやぢ」が夕餉のあと、家族とともに炉辺で茶をすすりながら、いろいろ昔話をしているというつもりで折にふれての思い出を「交通新聞」に連載した。それがつもりつもって四十数回を重ねるに至った。もとよりこれは自叙伝ではない。といって感想録でも、随筆でもない。あくまでも、「おやぢ」が子供らに桃太郎の話でもするような気持ちから出ているものである。

今般はからずも皆さんの厚意により、ここに一書にまとめて公刊されることになったことは、私にとって望外のことである。ただ、繁劇な公務に追われている関係から、文章、内容などに不備不整の点が少なくないと思いながら、十分に修正することができなかった。大方のご諒承をいただきたい。

本書出版については、関係者各位から、いろいろご親切を忝《かたじけの》うした。その厚意、労苦に対し、衷心から感謝の意を表する次第である。

昭和三十四年四月

東京代々木山谷の僑居にて

十河信二

目次

有法子

十河信二自伝

生涯の職場鉄道に入る

社会生活の第一歩にあたり後藤伯の知遇をうく

私は滅多に映画を見る機会もありませんが、「明治天皇と日露大戦争」は特に見にゆきました。明治天皇を中心として、国家の最高首脳者達が、私情を棄てて一致団結して国難にあたり国民の絶対支持をうけて、戦い抜いたそのころのありさまが、彷彿として展開されました。日本興隆の機運は、こういうところにあったろうと思うて感激しました。また主権者としての明治天皇や、政府要路の人々の間に、いろいろの問題についての見解の相違はあっても、国と人民との発展幸福を希う至情においては全く一致しておったと思います。それゆえに意見の相違によっていかに激しい議論のやりとりがあっても、感情の疎隔を来し、派閥の抗争を招来するようなことは起らなかった。旅順の攻略が遅れたり、バルチック艦隊が東洋へ進攻して来た時など、陸軍ならびに海軍の部内や部外で、種々論議が起っても、乃木、東郷両陸海司令官に対する陛下の信任は微動だにしなかったというようなところに、戦争を勝利に導いた決定的な原因があったと考えます。

日露戦争の当時、私は第一高等学校の生徒でした。貧乏百姓の伜で、両親に無理をいうて進学させてもらったわけですから、親からの仕送りも少なく、毎月八円で一切賄っていました。五円が食費、一円が寮費、一円が授業料、残り一円が小遣いです。もちろん物価の安い時代でしたが、それでも一円では小遣いが足りません。一銭二銭出しあい「やきいも」を食べるのが精々の楽しみで、たまに「最中」でも買おうものなら大変な贅沢をしたように思ったものです。

高等学校は単に学問をするところというよりは、むしろ人間を作るところといわれていました。それに精神的にも悩みが多く、思想的にも迷う年ごろで、私も、なんのために勉強するのか、なぜ法科を選んだのか、そもそも人生の目的はなんであるか、というようなことに悩んだものです。法科がいやで哲学をやりたいと両親や兄に申し出で、その諒解が得られずに断念したこともありました。有名な「巌頭之感」を残して華厳滝に身を投じた藤村操は同級の友人でした。

一高時代の成績はあまりよくない。特に体操と法学通論とは落第点でした。当時一高は全寮主義で、学生は三年間寮生生活をしなくてはならぬ制度でした。ところが、学生の中には靴のないものが相当いました。体操の時間には、早いものがちで、手当り次第に誰の靴でもかまわずに履いて出る悪い習慣がありましたからたまりません。生来スローの私が出るころには、もう靴が残っていない。自然欠席する。しかしよくしたもので、誰れかが代返（欠席者に代って出席の返事をすること）してくれたものです。ある時、その代返がわかって、大沼先生に大いに叱られ、つぎの時間には休むわけにゆかなくなりました。そこで私はやむを得ず、靴の代りに足に墨をぬって出席しました。私が「ハイ」と返事をしますと、「声がちがうぞ」といいながら、先生は私の顔をにらみ、頭から足のさきまでジロジロと二度も見廻しました。そして墨はだしの一件が見つかり、ウンと油をしぼられたあげく、落第点をつけられました。

学科のにが手は平山先生の法学通論で、イギリスのテリー博士が書いたコンモン・ローが教科書でした。これが無類難解の文章でしたので、元来語学が不得手の私にはテンデ読めない。法律がいやになった原因もそんなところにありました。平山先生は試験のあと、点数の少ないものから名を呼びあげ、以上は四十点以下、以上は六十点以下という調子でした。そして「六十点以下は落第点だ、四十点以下は

○点と同じで、ただなにかしら書いてあるから書き賃に点をやっただけだ。勉強したくない人、勉強しても四十点以下しかとれないものは、学問をするに適しない人だから、学校をやめて、ほかの仕事でもした方がいいのではないか。幸い自分の友人が樺太で土建をやっており、ちょうどいま土方人夫を雇いに上京中だから、希望者は世話してやってもよろしい」といわれました。

それでも、どうにか一高を卒業、法科大学に進みました。自然法律をやらねばなりませんので、なんとかして頭の切り替えをしようといろいろ考えました。そこで教授を順々に歴訪しました。そして諸先生の意見を綜合すると、大学では法律の頭を作り法文の奥にある精神、すなわち法の真髄を体得することが基本であると知り、またそれには民法を勉強するのが一番よろしいという結論に達したので、それからは他の学科を放っておいて民法だけに熱中しました。友人数名でグループを作り、朝早く図書館にゆき、参考書を借り、字引きと首引きで勉強し、毎週数回グループの討論会を開きました。

川名兼四郎《かねしろう》教授が外国から帰って、私共の担任となり、熱心に学生を指導してくれました。私らのグループは週一回、土曜か日曜に川名教授の私宅を訪ね、盛んに議論を吹きかけたり質問したりしました。はじめはよろこんで相手になって教えてくれましたが、毎週のことで、教授も非常な重荷だったようです。ついに、「自分は毎週まずい講義をしているが、それでも毎晩午前三時まで勉強する。そうしなければあの講義すらできない。土曜、日曜には多少休養をとる必要がある。君達の熱心はうれしいし、ありがたい。だが君らにいつもおしかけられては休養をとる閑《ひま》がない。健康上も耐えられないから、しばらく勘弁してほしい」といわれた。遠慮もなくおしかけて、まことにお気の毒であったと気がついたので、教授訪問をやめました。こんなわけで、民法だけには相当の自信をもっていましたが、他の科目ができないので成績はよくなかった。

卒業が近づくにしたがって、就職問題はやはり悩みの種でした。私は世の中で働くのになにが最も愉快で生き甲斐があるかといえば、国民大衆に奉仕することであると考え、それには国民大衆の生活に直接利害関係の深い官庁の役人になることが必要だと思い、その希望を就職の世話をされていた穂積陳重《のぶしげ》教授に申上げ、お願いしました。穂積先生は非常に賛成せられ、かつ同情を寄せられて、農商務省に頼んでくれて、同省に就職することに決まりました。

ところが、その後、ある先輩の紹介で後藤新平伯にお目にかかる機会を得ました。後藤伯は鉄道国有法が公布され、全国十七、八の私鉄が鉄道作業局と一体となって国有鉄道に統合されてから、最初に鉄道院総裁になられた方であります。後藤伯は一介の書生を快く迎えてくれたばかりでなく、いろいろ有益な話をされ、「なぜ農商務省へゆくことにしたのか」といわれました。そこで私は大衆に奉仕するという私の考え方の主旨をお答えしたところ、「そういう気持ちであるならば、農商務省よりも鉄道院の仕事の方が、もっと国民生活と直接に、密接に結びついているではないか、いっそのこと鉄道院へ来たらどうか」ということでした。私も成程と思いましたので、意を決し、穂積先生の御諒解を得、農商務省を断わって鉄道院に奉職することにしたのでした。

その時、後藤伯は「成績はどうか」と聞かれました。私は、「成績なんかどうでもよいのではないでしょうか」と申上げますと、「生意気なことをいう。思いあがっちゃいけない。きっと成績が悪いのだろう」と叱られた。「おっしゃるとおりです。私は法律の頭だけは作ってあるつもりです」と答えましたら、「五番以内になって見せろ」といわれる。正直のところ、三十番前後であった私にとって、五番以内になることは大変なことでしたが、いやとも、できぬともいえませんので、必ずなりますといい切りました。それから懸命の勉強をつづけ、連続徹夜のこともありました。幸いにもそのころは、各学年末の成績平均と卒業試験成績とをまた平均して卒業成績が決る制度でしたので、偶然にも約束どおり五番となり国鉄一家の人になることができました。

後藤伯は、私にみんなのいやがる仕事をしないかといわれ、私も却ってそのことに感激し、爾来約二十年ずっと国鉄会計のことばかりいたしました。かくて私の社会生活の大半は国鉄に捧げられました。そこで私は国鉄に対し、非常な恩義を感じると同時に深い愛着心を持つようになったのでした。

洞爺丸の悲しむべき事故が起るまでは、いかに愛着を感じても、若い人達の経営している国鉄のことによけいな口ばしを入れるべきでないと考え差控えておりましたが、国鉄が世間から厳しい非難を受けるようになってからは、お家の大事をすておけないという気持ちで、友人数人と相談して「憎まれ会」を組織して、世の中の風潮と反対に、憎まれても嫌われてもかまわない、正しいことをいって、筋の通った歩みをしたり、させたりしようと決心して、国鉄のために憎まれ口をたたいて来ました。これが機縁となって再び国鉄一家の人となり、国鉄の再建に努力するようになったのです。

私は国鉄の全職員とともにどのような艱難辛苦にも耐えてゆかねばならぬと決心しました。それには、なにをおいても人の和が最も大切であると痛感したのであります。すなわち、四十五万の職員が打って一丸となり、心から協力するのでなければ、国民も信頼してくれません。国鉄は国民の動脈であります。レールの一本一本に国民の生命が通っていると考えなければなりません。したがって、国民から、「鉄道はわれわれのものである」との親しみをもたれ、愛情をもって利用されるようにならなければならないと確信しております。その期待に副うようにあえて自らを鞭打ち、至誠をもって奉仕したいというのが私の念願であります。

愛と和の精神を強調

人間関係を重要視し厚生施設の完備をはかる

私の国鉄二十年の生活は終始会計の職場から離れませんでした。はじめて国鉄に入り、会計課に椅子を与えられた当時は、鉄道が国有になって間もないころでしたので、どの局、どの課も、いろいろの会社から移って来た人々が雑然と同居しているという寄合世帯で、なんとなくまとまりがなかったような感じでした。

後藤総裁は第二次桂内閣の逓信大臣として入閣、鉄道院が創立せられると同時に、その初代総裁を兼任したわけですが、鉄道国有の建設的基礎を作りあげようという総裁の熱意はかたく、兼任とはいえ専任者以上に真剣に鉄道の将来を考えていたようであります。よく総裁は集会の席上、「多くの人々の協力にまつところの大きい鉄道に従事するものは、まず愛というものに徹しなければならない。日々従事している仕事を愛し、寝てもさめても、鉄道を愛するという念を離れてはならない。ただただ鉄道のためにつくすという心がけを持ち、その愛を乗客、貨物、器具、機械におよぼすのである。要するに鉄道のために鉄道を愛し、万事に精神をこめて献身的に鉄道に従事してもらいたい」という主旨の訓示をしました。一見平凡な言葉のようですが、まことに味わいの深いものがあります。国民大衆に奉仕したいと一途に思いこんで、鉄道につとめるようになった若き日の私にとって、この総裁の愛の精神という言葉は、正直のところ感激そのもので、強く胸に刻みこまれてしまいました。

しかし、一方私自身の仕事はどうかと申しますと、会計課員であるというだけで、毎日、新聞や雑誌を読むことが仕事です。鉄道業務に関係のあるようなことはなに一ついたしません。朝早く弁当を持って巣鴨から新橋まで通勤しているといえば、聞えはよいが、仕事はなんにもない。新聞、雑誌を読み、雑談をして、夕方帰るのではもったいないし、不愉快でたまらない。そこで課長に「なにか仕事をさせて下さい」とお願いしても、「君はまあ新聞でも読んでいればいいんだ」といって、てんでとりあってくれない。仕方がないから、毎日マッチを指先きでハネ返して二つ積み重ねるゲームに時を過していました。この不満を松木理事に訴えましたが、別に仕事を与えられず、ロンドン大学教授アックウォース博士の鉄道経済学《レールウェーエコノミックス》という本を教えてくれた。直ちに丸善で買入れて読んでみるとすばらしい名著です。私はこの本によって、初めて鉄道事業の重要性が理解できたばかりでなく、今まで経済学を大学で習いながら、何のことやらサッパリ訳がわからなかったものが、ようやくその本体にふれることができたように感じました。そこで、同時に国鉄に入った笠間杲雄《あきお》君と相談して、教授に手紙を送り、感謝の意を表するとともに、鉄道経済学を翻訳することの許可を得ました。

国立大学を卒業して国鉄に入ったものは、他の官庁と同様、七月卒業後十一月文官高等試験の終るまで、有給休暇を与えられました。そして文官試験がすむと、その後半年位（職場によって期間の長短があった）は業務見習いです。私は長野市にある経理事務所にまわされました。当時は非常な学閥偏重というか、学校を出たばかりの純真な頭の青年には、この特権は頗る異様に感じられたのであります。文官試験のすむまでは、私もだまってこの特権の恩恵に浴しましたが、事務見習いにというので長野へ派遣されたときは、私は一両日で逃げ帰りました。「私は最高学府を卒業したもので、人並以上に勉学してきました。したがって、一日か二日、仕事を教えてもらえば、一人前に働けると信じております。もしそれでお役に立たないようであったら、遠慮なく首切って下さい。帝大を卒業したというので、文官試験は有給休暇で準備をさせてもらい、その上さらに半年もぶらぶらと見習いをさせてもらうということは、余りに学閥の特権がありすぎる。私は見習いの必要はないと考えましたから、帰ってまいりました。なにか仕事をさせて下さい」と頼みましたが、遂にそのかいなく、なにも仕事をさせられなかったので、一年間アックウォースの翻訳に専念することとなった次第です。

その当時、先輩同僚の間には、鉄道は特殊の現業を持っているから、半年か一年か、駅で出札改札の業務から、車掌、機関士、さては線路保守の業務に至るまで、現場の仕事を一通り見習う必要があるというのが一般の一致した意見でありましたが、私は担当業務が決まって、責任をもってこれを処理する時には自然に関連業務の研究をしなければならないこととなり、そうした関係で研究するのでなければ、無責任な見習いで、責任ある担当者の邪魔をし、悪い感じを与えるようなことをして、半年一年過すのは無駄だという考えでした。こういう状態が二年もつづいたので、私もとうとう我慢ができなくなり、辞職願をしたためて、後藤総裁のところに提出し「折角採用していただきましたが、こんな状態で青春を無にすることは耐えられない苦痛です。人生の堕落だと思いますから今日かぎりおひまをいただきます」と申上げました。総裁は、「どんないやなことでも我慢するという約束ではなかったか、もう辛抱ができなくなったのか」と笑いながら、「君は課長に使われなくてもよろしい、自分が直接使うつもりだから」といわれました。そして会計課の検査係という会計検査院の下請のような仕事をするところへいれられました。その時、総裁は「これからは人間関係の問題が大切だ。労働問題が将来大きな問題になるから、今からその用意をしなければならない。それは職員給与と厚生福利の問題だ。それを研究せよ」といわれました。私に課せられた新任務はこれでした。これでようやく新聞読みから浮びあがったわけであります。今日国鉄が使っているI・B・Mの統計機械は、そのために購入されたもので、第一次大戦後、まだ物価の非常に安かった当時百十八万円の巨費を投じたと記憶しています。この機械で給与の統計をとり、分析研究をしていますから、今でもこの方面の計数整理については、国鉄が一番進んでいるということであります。私は後藤総裁の将来を見通しての卓見に心から敬服しております。

鉄道広軌案も、後藤総裁は真先にとりあげてやろうとしたのですが、軍や政党の反撃をうけて挫折しました。総裁の考え方としては、日清、日露の二大戦役を経てわが国の国際的地位もあがったことだし、すべてのスケールが大きくなりつつある

初代鉄道院総裁　後藤新平

際、独り鉄道のみが狭軌であるのはまずい。文明国なみの標準広軌にし、国運の進展に伴うようにすべきであるというのでありました。ところが、政党は党勢拡張の上から建主改従主義、すなわち新線敷設を第一としていましたので、改良案である広軌案に賛成してくれる道理がありません。自然おじゃんになってしまいましたが、そのころ思いきって広軌にしてしまっていたら、鉄道今日の面目も一新して日本経済の発展に大きく貢献していたでしょう。いま考えても残念でたまりません。

後藤総裁の功績は一、二に止まりません。数えあげればいくらでもあります。なかんずく和の精神、愛の精神をもって鉄道職員の気風を一変せしめ、和気にみち和気にあふれたものたらしめたことは特筆すべきであります。それだけに職員の福利問題には殊の外熱心でした。鉄道病院の創設もその一つの現われであります。総裁自身が元来医者であったことはご承知の通りでありますが、鉄道の仕事は、その性質上怪我をしたり、病気にかかる機会が多く、また旅客公衆にも大きな迷惑や損害を与えることもあるから、健康管理に十分注意すると同時に、職員の保健衛生についても、旅客の不時の病気、怪我などに対しても、でき得るかぎりの用意をすべきであるという趣旨から、今の鉄道病院を作られたのであります。東京帝大の権威ある先生方にお願いして設立された鉄道病院は、当時どこの官庁にも会社にも全くその例を見なかった新しい施設で、今日各企業体の行っている厚生福利施設の生みの親ともいうべきものであります。今でこそこの鉄道病院も古ぼけて来ましたが、当時は東京でも立派な第一級の病院で、職員はもちろん、その家族の病気をも治療してくれるという後藤総裁の唱えた大家族主義の具体化したものといえるでしょう。

鉄道職員が制服を着るという制度も後藤総裁のはじめられたものです。制服を着ることによって責任感がもりあがり、仕事の能率も上り、旅客公衆に対するサービスの改善にも貢献するというわけであります。それまで雑然としていた職員の服装が、統一されたことによって、規律秩序が整い、気分も変ったことは確かでした。鉄道のような大きな組織体で多数の人が相互に関連した仕事をする場合、左右、上下の規律ある行動と秩序ある協力とは絶対に必要であります。多勢の人がチームワークをする場合には、一定のワクの中で行動させることが必要であって、全然のほうずに各人の自由意思による行動などを許しては仕事にならぬばかりか、とんでもない結果を招来する恐れがあります。鉄道の仕事がばらばらになったら、どのような事故が起こるかも知れません。一人のちょっとした不注意が大きな災害の原因になったという例は、昔から今にいたるまで数限りなく起こっております。民主主義の時代になったからといっても、その道理には少しも変りありません。秩序を乱し、共同動作を破壊するようなことは許さるべきでないばかりか、民主主義の根本は、各個人が責任を重んじ、企業全体のために図り、国民一般の福利を増進するよう秩序と規律とを正しくするということにあるでしょう。識見の高い後藤総裁はこうした点についても、深い注意を払われていたものと思われるのであります。

無二の親友、故種田虎雄君

現場中心主義を実践しともに労働組合設立を要請

私達が学校を出た明治四十二年ごろは、日露戦後の反動で大変不景気でした。したがって、実業界ではごく少数の学校卒業生しか採用しない。自然多くのものが官界に入らざるを得なかったのであります。鉄道に入った私達の同期生には吉田浩(日本交通協会専務理事)、戸田直温(大垣ガス会社社長)、伊藤勘助(山陽電気社長)、故難波秀吉、故椎野信次、故種田虎雄君らがおります。確か十五、六人だったと思いますが、すでに半数以上他界してしまいました。その中の一人である種田君が亡くなって十年目に当る昭和三十二年九月五日の命日に大阪で関係者が追悼会を開きました。種田君と私とは一高以来の親友で、一緒に鉄道に入って二十年苦楽をともにし、しかも後に述べる私の事件に関連して、前後してともに退職したという因縁もあり、生涯忘れることのできない無二の友であったわけです。

種田君は、はじめから、鉄道の仕事は現場が中心であるといって、進んで静岡駅に勤務、あらゆる駅務を身をもって体験し、私達の仲間で最も鉄道の現業に通暁していた一人でした。したがって、種田君の地位があがってゆくにつれ、幹部の間で現業の仕事が次第に尊重され、幹部が現場の仕事を把握することに力を注ぐようになったのであります。もちろん種田君の前にも木下淑夫、生野団六というような先輩がいて、現場中心の考え方を主張していましたが、いわゆる学校出のものは、あまり現場に熱心ではありませんでした。そうした空気を打破し、現場の仕事がわからぬようでは、局の仕事も、本省の仕事もできないという実証を導き示したのが種田君であったのであります。

静岡駅の助役時代こんなことがありました。種田君の官舎は駅のとなりで駅前の通りに面していました。ある夜、種田君は官舎に友人同僚を集め、芸者をいれてどんちゃん騒ぎをやったのですが、たちまちそれが問題となって、時の人事課長は、「けしからん、種田を首にしよう」といきまきました。それを知った友人達は揃って人事課長のところに押しかけ、理由をただしました。課長は、「新聞にこうして非難されている。だからこのままではすまされない」という。「新聞になんと書かれようとも、無責任な新聞記事によってすぐ処分するのはよろしくない。私達が実情をよく調査してくるから」ということになり、友人が調査委員になって静岡にゆきました。その結果、問題はわけなく解消しましたが、種田君は現場の人々にも人気があり、友人の間にも大変信望がありました。

第一次世界大戦の後、時の床次《とこなみ》竹二郎鉄道大臣は、社会の大勢から現場職員の声を聞き、その不平不満を癒してやることが最も大切であると考え、現業委員会を作りました。官僚的気分の濃い当時としては、一歩前進したわけですが、種田君を中心とする七、八名の青年事務官らは、「現場職員の希望や意見を職場の上に生かそうというならば、もう一歩進めて労働組合を承認すべきだ。現業委員会というような上から下へ与えるという態度はよろしくない。対等で話合い、なにが正しいか、どれがよいかを決めることが鉄道繁栄の基礎である」と主張し、その実現を大臣に要請したのであります。思うにもし当時、労働組合が認められていたならば、当局としては、官製の現業委員会よりか、組合の方が厄介な存在であって、取扱方に苦労も多かったでありましょうし、また組合としても、当時の一般民間の組合と同じように相当苦難の道を歩まねばならなかったでしょうが、また修練を積んで堅実な発展をとげる土台ともなったでしょう。種田君は正しい大局的見通しの上に立ち、情熱を傾けてこれらの問題解決に懸命な努力を払いました。純情純理のかれを友人は高く評価しました。

また鉄道は国有になるため二十社近い会社が合同したので、人事関係がとかく円滑をかいていました。とくに技術関係と事務関係の人との間になんとなく溝ができていたことも争われません。この関係を調整するために種田君の主唱によって火曜会が生れました。課長クラスと中堅の技術事務を扱っている人達が、週一回火曜日の退庁後集まり、時々の重要問題について自由に話合う会です。この会の特色は、自由に意見を闘わせるが、結論を出さないということでした。これは派閥を作らないという結果となって、言論はいよいよ活発となるという長所がありました。結論は出さないが自由な話合いから、各人の胸中には自らなにが正しいか、どうすれば鉄道のためになるかという筋道が明らかになります。そこで火曜会で問題になったことが、後日決済書類となって事務にのった場合、すらすらと進行し、正常な運営にも能率の増進にも非常に役立ちました。

種田君が鉄道営業上に残した功績は頗る大きく、また多方面にわたっております。日本は島国で、海運は昔から相当発達していましたから、貨物は船便によるものが多く、鉄道収入も貨物より旅客の方が多いのであります。しかるに鉄道営業の面では、旅客のサービスはあまりよくなかったのであります。旅客係は宿屋の客引きに毛のはえたようなもので、事務というに至らなかった嫌いがありました。種田君はこの鉄道の旅客業務を事業の一つの大きな部門に育て上げた人だとたたえられていました。

その第一着手として種田君は、外国鉄道のように旅客の等級を三階級から二階級にし、漸次これを一階級に改めんとしたのであります。そもそも鉄道の正客は三等のお客です。ところが、当局はとかく一、二等車の改良を主とし、三等車は最初横開きの板のベンチ式でありました。かれが旅客課長になると第一に三等車の改良に着手し、旅客の九割、運賃収入の九割を占める三等車を粗末なものにしておくことは本末軽重を誤っているものと強調し、装備の改善を実行しました。同時に一等車は利用者も少なく、パスをもつ特権階級が専ら利用するにすぎず、不足している輸送力を不経済に使用することは国民全体にとって甚だ迷惑であるから、サービスと鉄道財政双方の見地から、原則として一等車を廃止し、東海道、山陽、東北線等少数の幹線だけは外人観光客のために残すということを提唱しました。これは省議で決定されましたが、国会方面の特権階級から反対論が出て、大臣が国会で、ある路線、例えば横須賀線のごときも除外するという約束をさせられました。種田君はとても憤慨し、社会の公論に訴えても、省議通り実行したいと声明書まで用意して政府および国会に強く要望しました。大臣もかれの正論と熱情とに動かされ、遂に国会での約束を破棄して一等車廃止を断行しました。ことここに至るまでのかれの正義感とひたむきの情熱はなんびとも深い感銘をうけました。

鉄道省運輸局長　種田虎雄

鉄道貨物の方面で、鉄道輸送の一番大きな欠点は、貨物が戸口から戸口へ輸送されないことであります。特に日本では、鉄道と荷主との間に群小の運送業者が介在していて、サービスの上でも、責任の上でも、鉄道として国民に対し十分満足を与えることのできないような仕組になっているから、これを改めて、国民が安心して荷物を托送することのできるようにしようと計画し、この問題については中山隆吉、中野金次郎等の諸君とともに、種々論議もし、工作もしたようであります。種田君の鉄道生活の晩年は、この仕事に没頭したといってもよいくらい努力いたしました。関東大震災直後、米国フォード社にトラック一千台を注文して、箱根以東鉄道修理完成後、これを利用して鉄道と荷主との間の小運送に当らしめようと計画したことにも、その一端が現われております。

私は経理局長在任中、政党間の争いから、刑事事件の容疑者にされ、九十九日間捕われの身となり、鉄道を辞めてしまいました。二年後に犯罪の事実なしとの理由で無罪となりました。時の政府は憲政会内閣で、浜口雄幸氏が大蔵大臣、仙石貢氏が鉄道大臣でした。私は野党政友会の幹事長である森恪《いたる》君と親友でしたので、毎週何回か森宅に遊びに行ったものです。森宅の周囲には私服が見張っていて、毎日毎晩出入の人を報告します。そこで私がエンマ帳にのって、にらまれたわけです。

いわば政争の犠牲となったわけで、迷惑千万を通りこし、心から憤りを覚えるような事件でありました。

この時、種田君は進んで特別弁護人となり当局のやり方に抗議しました。そのため私の冤はそそがれましたが、種田君も政党方面からにくまれ、運輸局長を最後に辞めるようになり、近鉄に入社、専務に就任しました。一方私は浪人になり、全く収入がなくなって生活にも困っていました。ところが、種田君は毎月末、月給袋を持って来て、「半分やる」といっておいていってくれました。その時の金ほど貴くありがたく思ったことはありません。妻子に対するより以上の温かい友情をしみじみと感じ、今でも、かれの生命が私の胸中に生きているように感ずるのであります。

独断調印の素人外交官

高潔無欲の雷大臣仙石鉄相に叱られて気にいらる

私が経理局長の時、民政党内閣が緊縮財政を実行、仙石鉄道大臣は真先に緊縮予算案を出しました。その予算案というのは、建設費も改良費も非常な緊縮で、従来の建設費八千万円を三千万円にするという大幅のものでした。もちろん、改良費も経費も同様の削減にあったのですからたまりません。各局とも大恐慌をきたし、省議の際、各局長から強い反対意見が出ましたが、大臣は命令だというて決めてしまいました。そして私に、「大蔵大臣には自分が説明する。君は大蔵次官以下に鉄道省の省議はこう決まったと詳細に説明してこい」といわれました。そこで私は大蔵省にゆき、局長、次官に説明しますと、「それは無理じゃないか、そんなことをして無事に輸送ができるか、君の意見はどうか」という。「もちろん反対です。非常に無理で、輸送上大変支障をきたします」というと、「そうだろう、君一つ大臣に会ってよく説明してくれ」といわれた。それから浜口大蔵大臣のところにゆき、「仙石鉄道大臣からお話があるでしょうが」といって説明しましたら、「君のいうことが正しい。そういうところまで緊縮すべきではない。鉄道大臣には自分から話すから君はなにもいわなくてもよろしい」ということでした。そこで仙石大臣にこのことを復命しないでいました。

数日後、私は仙石大臣によばれました。大臣はいきなり「お前は使者の役目というものを心得ているか」と言葉も荒い。「よく心得ております」というと、「過日予算案の説明役として大蔵次官以下にこれこれこういうことをいうてこい。大臣にはわしが説明するといったにもかかわらず、お前は大臣にまで話したそうじゃないか。まことにけしからんことだ」と雷をおとしました。「私は大臣に命ぜられたとおりちゃんと役目を果しました。省議内容を詳しく説明しましたら、次官らが君の意見はどうか、これで輸送上支障がないかといわれましたので、かねて大臣からの大蔵省をだましてはいけないというお諭しにもとづき、正直に省議はそうですが、私見はこうであると説明したのです」「それがいかんじゃないか」「ではなぜ局長である私を使いに出されたのですか。蓄音機と同じような役目なら書記でことたりましょう。意見をきかれた時、意見をいう必要があるから局長を出されたのでしょう。局長には局長の責任があります。その範囲内で私見をのべたわけですが、それがいけないというのでしょうか」「大蔵大臣にはわしから話すから、お前は大臣に話さないでよいといったではないか」「それは伺っております。しかし、大蔵次官から是非大臣に説明してほしいといわれましたので、忠実に説明したわけです。それも省議はこう、私見はこうとことをわけてお話しました。大蔵大臣がそのどちらに賛成しましても私の関係したことではありません。それでも私が不都合で役目を果さないといわれるならば、これから使者の役目を辞退させていただきます」「よしわかった」といわれて顔をやや和らげました。こんなことがあってから仙石大臣は特に私に目をかけ、可愛がってくれました。

仙石大臣の時代、欧亜連絡会議がモスクワで開かれ、日本代表として鉄道省運輸局長種田虎雄君が、随員として、金井清、宇佐美莞爾君らをつれて行きました。行く前、東京で、会議ではどういうことを主張するかということを決め、その訓令を持って行ったわけです。ところが、モスクワで会議に出て話合いを進めると、その訓令ではどうもいけないという結論になりました。種田代表から訓令を修正してほしいという請訓の電報が来ました。しかし、鉄道省、外務省協議の結果、修正を承知せぬばかりか、調印しないで、随員全部をつれて至急帰国せよという命令を出しました。種田君は気骨もあり、かつ大局を見る明のある人でしたので、この命令に背き自分の責任において調印し、二人の随員には、それぞれ「君はこういうところを見てこい、君はこういう点を研究してこい」といってともにソ連にのこし、単身

鉄道大臣・満鉄総裁　仙石貢

帰国して来ました。普通の外交官には到底できないことです。また尋常の代表にもやることのできない芸当です。型破りの代表ともいうべきでしょう。なにしろ外務大臣が生真面目な幣原喜重郎、鉄道大臣が雷親父といわれていた仙石貢、この二人がカンカンになるだろうと友人達が心配し、喜安健次郎君が、こういう問題についてはこう、ああいう問題についてはこう、大臣はこういっているから、こういう説明をせよという申訳の案を携えて下関に出迎え、種田君に復命の仕方を教えて来ました。

本省へ帰ってきた種田君は、仙石大臣に次のように復命しました。「これこれの訓令を持って参りましたが、あちらの事情からいろいろ検討して見ますと、訓令通りに調印した場合にはこういう不利益が起こります。そこで修正の上調印した方がよいと思い、請訓を仰ぎました。ところが東京ではモスクワの事情、世界の情勢がわからないらしく、これに反対の電報をもらいました。しかし、あまりにも明瞭にこうすることが日本のためになるということが確信されましたので、訓令に背いて調印して参りました。この責任は自らとるつもりでありますから、いかようにでも処断していただきます」。聞き終ってから大臣は、「なぜ随員をつれて帰ってこなかったのか」と訊ねました。これに対し種田君は、「実はソ連はこういう機会でなければ視察もできません。ソ連の国内事情を知っておくことは、日本にとっても、国鉄にとっても必要であると存じましたので、随員にはこの機会を利用し、ソ連研究をさせたいと思い、それぞれ分担を決めて残して来ました」と答えました。

雷大臣と異名をとった仙石大臣ですが、この時ばかりは予期に反して叱りません。「よしわかった、すぐ外出するから車の用意をせよ」といって出かけました。行く先は霞ヶ関の外務大臣幣原喜重郎氏のところでした。仙石大臣は、幣原外務大臣に会うなり「欧亜連絡会議に君と相談して、こういうことを決めていたが、あれはよく考えて見ると間違っていた。世界の情勢がこうであるから、こうすべきものであった。幸いにも俺の方から行った代表がよく大局を誤らずにこういう取極めをして調印して来たから、そのように訓令を訂正してくれ」と談判しました。幣原大臣の性格からいっても、こうした申入れを容易に承知するはずがありません。

しかし、流石は仙石大臣であります。幣原大臣も、この老人には一目も二目もおいておりましたし、平生から畏敬していましたので、この無理難題を快く承知し、恐らく前代未聞であろう訓令修正をしてくれました。

これで問題はすべて解決しました。いな仙石大臣は、却って種田君の独断をほめ、その労をねぎらったほどです。やかましい、近よりにくいような印象を与えていた仙石大臣ですが、筋が通っていさえすれば、自ら合点したとなれば、直ちに相手の心にとけこんでしまう純粋無比のところがありました。また高潔無欲の典型的人物でもありました。私はこんなことから、のちに至るまで深い関係ができました。

アメリカへ留学の時代

YMCAの年次大会で生れてはじめての英語演説

第一次世界大戦がたけなわのころ、私はアメリカへ一ヵ年の予定をもって留学いたしました。鉄道事業研究のための留学生であります。ところで、私の留学問題が起ったのは大戦がはじまってから間もないころで、先輩から外国へゆかないかと熱心にすすめられたのでありますが、私はかたく断りつづけました。というのは、当時為替関係もよく一ドルが二円でありましたが、留学生の学費が月二百円、留守宅の俸給は三分の一だけ支給ということであります。これでは、内も外も最小限度の生活すら維持することができません。その上、私は貧乏でしたので、自分で足りないところを補うということも不可能でした。そんなことから折角厚意の恩命ではありましたが、辞退しないわけにはゆかなかったのであります。

ところが、先輩に叱られました。誰もかれもが、いろいろ運動しても外国留学を希望しているのに、お前はゆけといわれながら断るなんて少し我儘がすぎるではないか、そんなことをいわず、なんとか考え直してゆくようにした方がよいと忠告されました。私も先輩の厚意をしみじみと感じ、むげに断るわけにゆかなくなりましたので、それではこれから一生懸命働いてなにほどかの金をためますから、一年間お待ちいただきたいとお願いし、快く承認してもらいました。

さあその一年間が大変でした。役所の仕事を真面目にやって、その余暇に稼ごうというわけですから、休養も娯楽も棄て、夜学の先生をしたり、翻訳を引きうけたり、若さにまかせて無理もしました。稼ぎたい一心ですから、時間も余計に受けもつ。学校ですから試験もせねばなりません。沢山の答案をかかえてわが家にもどり、深更までその採点をするというので、かなりの重労働がつづきました。時には疲れきって答案を見る元気もなくなりました。今だから白状しますが、こんな時には採点の見本を示して、右にならって家内に点をつけさせました。当時の生徒にはまことに申訳ない次第ですが、そんなことを考える余裕もなかったのであります。そうして一年かかってためた金が二千円。ようやく晴れの旅立ができるようになったのであります。これが大正六年の春であります。

私はアメリカにおいて、鉄道事業の研究を主目的としておりましたが、また考えるところがあって、アメリカ人の家庭生活、信仰の実際を把握したいと思っていました。そこでニューヨークにつくとすぐYMCA本部にモーア主事を訪ね、しかるべき家庭に逗留できるようお世話してほしいと頼みました。モーア氏は早速コールフィールド嬢に紹介してくれました。その方はコロンビア大学出身、眼が不自由でありながら、記者生活をしたり、日本人に英語を教えたりしていました。私の申出を快く承諾されて英語を教えてくれることになり、またニューヨーク自然博物館のマシュー博士の家に世話してくれたのであります。

はじめてモーア氏を訪問した時、こんなことがありました。丁度昼近くであったので、近くのホテルでご馳走になりました。その時ホテルの大食堂では、YMCAの世界各国に派遣されている代表者の年次大会が開会中で、各代表がそれぞれ駐在地の過去一年間における状況を報告しておりました。私はご馳走をいただきながら、世界各国の実情を手にとるように知ることができたのであります。こんな幸運にめぐりあったことをよろこんでいましたら、突然ある代表から、「そこに日本からお客さんが来ているようだから、何かお話を願いたい」という動議が出され、満場これに賛成の拍手が鳴りました。これには私も驚きあきれました。なにしろ外国語をしゃべることなんて不得手もはなはだしい上に、ニューヨークについた翌日のことでもありましたし、不意打ちを食ってあわてざるを得ませんでしたが、まさか満堂の視線をあびながら食い逃げするわけにもゆきません。一応は辞退しましたが、たっての希望に度胸を決め、徐ろに立って生れてはじめての英語演説をやったのであります。

「私は交通機関に従事しているものであります。交通機関の使命はいうまでもなく旅客、貨物を甲地から乙地へ輸送するということになっておりますが、真の使命は単にそういうことだけではなく、むしろ甲地の思想を乙地に移し植え、丙国の文明と丁国の文明とを、互に交流せしめるということでなければならぬと信じております。交通機関の使命をこのように諒解している私にとって、ニューヨークについた二日目のきょう、ただ今、この席上皆さんから世界各国の社会、経済、文化等に関する生きた報告を伺う機会を与えていただいたということは、なんという幸せなことでありましょうか。私の旅行の目的はすでに十分に達成せられたというように思われまして、まことに感謝に堪えない次第であります」

こういえば筋も通っておりましょうし、大できだといわれもしましょうが、私としては大体こういう意味のことをしゃべったつもりなのであります。元来下手な英語ですし、大勢の米国人の聴衆を前にして話すのですから、簡単な単語すら思うように出てまいりません。僅か四分か五分の話でしたけれども、その間二回も一寸お待ち下さいといっては、ポケットから和英辞書を引っぱりだし、いそいでページをめくるという余興もあったのです。しかし流石に紳士の集りですので、私の話が下手であっても、途中なんどかつかえても、笑うものもない。辞書をひいて立往生している時ですら静粛そのもので、私を窮地に追いこむようなことはしませんでした。いな、それどころではありません。私がようやく話を終って、冷汗をふいておりますと会場中央あたりにいた一老人がつかつかと私の席にやって来まして握手を求め、「君の話を聞いて実に敬服した。日本人は非常に優れた国民であるとかねて承知していたが、いま君の態度を見、話を聞いて、いかにも進歩的であることを知ってさらに感銘を深くした。君は鉄道人であるそうだが、自分も同業だ。自分はニューヨーク・セントラル鉄道の副総裁であるが是非自分の鉄道も見てほしい」といいながら堅く強く私の手を握り、散会してから有無をいわさず、親切にいたわるように私を自分の車にのせ、グランド・セントラルの本社に連れてゆきました。

そうして直ちに局長、部長らの幹部を自室によび集め、一々叮嚀に私を紹介し、この人から希望されたことはなんでもきいてあらゆる便宜をはかってあげるようにといってくれたのみでなく、その日から私は部屋を与えられ、さらに私を直接世話してくれるものを決め、パスまで発行してくれました。こうだと決めたらわき目もふらず、予定のプログラムを実行してゆくようにさっさと片づけていく。いかにも事務的でありながら、そこには外国から来た旅慣れぬ若いものに対する慈愛が溢れているのです。

これは全く偶然のことでありました。ご馳走からはじまって思いがけぬ親切の連続でありまして、このような奇縁、幸運に恵まれようとは夢にも思ったことはありませんでした。下手くその英語もとんだ拾いものをして得することもあります。こうして渡米の最初から私は温かい人々の真情にふれ、そしてまた次々と善意の人に迎えられました。国境を越えての人の縁のありがたさをしみじみ感じました。

非常時に耐乏生活をつづける米国人の愛国心に感銘

私が寄寓したマシュー博士の家は、ニューヨークの郊外でハドソン河に面した非常に美しいヘスチングという町の住宅地にありました。博士は博物学専攻の篤学者で、かつ典型的なアメリカ人ともいうべき方でした。ある日曜日、「教会へご一緒に参りましょう」と申しましたら、「教会へ行ってつまらない牧師の説教を聞くよりは畑を耕して豆でも作った方がはるかにお国のためになる」といって動きません。そうかと思うと午後軍人の服装をつけ、銃を持って出かけます。「どこへお出かけですか」と聞きましたら、こういわれました。

「自分はすでに五十を越しているので、兵隊になり、戦場に行く意志はないが、君も知っているようにこの街には二千人の職工が働いている工場が二つある。しかもその治安はただ一人の警官によって守られているだけだ。職工の中にはドイツ系のアメリカ人が沢山いるが、いつなん時どのようないたずらをしないとも限らない。すでに二十歳から四十歳までの男という男はことごとく志願兵になって出征した。街の治安は当然市民が自ら守らなければならない。そこで四十一歳から六十歳までの男が申合せて、自らの金で制服、武器を購入し、正規の軍人に依頼して毎日曜の午後訓練をうけ、市中をデモ行進することにしている。そうしておれば万一の場合にも役立ち、ことを未然に防止できようというものだ」

夜はマシュー夫人が衣類の修繕などを丹念にします。その傍らで博士は勉強です。同じスタンドを利用しているわけです。マシュー家には女の子が二人、男の子が一人、計五人の家族に日本人の私が加わって六人となり、それがテーブルをかこんで一緒に朝食をとるわけですが、オートミールに砂糖がつかない。コーヒーにも砂糖がない。はじめての朝、不思議に思って「砂糖は」といいましたら、「戦場で働く兵隊は糖分が余計必要だ。もちろん砂糖は相当に生産されるが、戦場へ送ってやる必要があるから、家庭では極度に節約するようにしているのだ」という。「それは法律で決められたことですか」と反問しますと、「法律でも規則でもない。ただ新聞に内務長官の話が出ていたので、市民がその主旨を体し、めいめいの家庭で節約しているだけ」ということでした。

私にとってはなにもかにも驚きの連続でした。愛国心を日本人の専売特許とのみ思いこんでいた私はマシュー博士の言動に深い感銘をうけました。アメリカの婦人は、贅沢ばかりしている、威張ってばかりいる、男も女も拝金宗だとひとり決めしていたことが却って恥しくなりました。とかく法は守られぬもの、殊に実生活に関係することなどは、やかましくいわれても実行できるものでないのが日本では普通ですのに、かれらは国を守ることは自分達の責任であると思いこんでいるらしく、国家の大事にのぞんでは誰にいわれなくとも自戒自省して耐乏の生活に甘んじているという意外なことばかりでした。

ある日曜日、長女のメリーさんが、「十河さん、ちょっと私の友達と会って下さい、下に二、三人来ていますので」というので、私は二階から下りてメリーさんの可愛いお友達に会いました。日本人を見たことがないから、どんな顔をしているのか、会いに来たというのです。思わず笑ってしまいました。

その後、オンタリオ湖とユリー運河にのぞむ工業都市のロチェスターにゆきました。イーストマン・コダック社の所在地でコダック市といわれているところです。

マシュー夫人

大都市にある大きな鉄道会社よりも、小都会にある小さい鉄道会社のやり方を見たかったからであります。ここに二ヵ月滞在する間、ドクター・スミスという医者の家に厄介になりました。夫人は文学士で女子大学の先生をしていたことのあるインテリでした。子供がありませんので、夕食のあとバルコニーで涼みながらスミス夫妻といつまでも話などして楽しい日がつづきました。

ある時のこと、私が応接室に参りますと平素大変仲のよい夫妻がどうしたわけか声をはりあげて議論をしております。オヤ、とんでもないところに来てしまったと思って当惑していましたら、夫人が、「十河さん、まあ聞いて下さい。私が十二ドル五十セントの靴を買いたいと申しますのに主人は十ドル以上出しては贅沢だといって承知しません。なんというケチン坊でしょうか、あまりにも横暴じゃありませんか」といい、いかにも口惜しいようでした。靴を買いたいという夫人のいい分が僅か二ドル五十セントのことで夫からけられてしまう。夫人の熱望するものが、そのように簡単に抑えられてしまうなんて、およそ想像外のことで、婦人はもっと威張っているものだと聞いていましたからびっくりしました。

そこで私もいささか茶目気を出し、「日本では私達月給日に月給袋をそのまま妻に渡してしまいます。小遣いその他は必要に応じて妻からもらうというようにしております」と話しましたところ、夫人は「それはすばらしいことだ。いいことを聞いた。次の日曜学校で、日本の婦人について話をしてほしい」といってききません。

余計なことをいったばかりにエライことになってしまいました。とうとう断ることもできず、しぶしぶながら日曜学校にゆき、一席やりました。話を終ってから、「どうでしょう、わかりましたでしょうか」といいましたところ、夫人は「私は毎日あなたと向いあって話をしていますから、わかりましたが一般の人にはおそらくよくわからなかったでしょう」といわれました。全くもって冷汗ものでした。

スミス家もまず中流に属する生活をしておりましたが、戦争が進展して参りますと日夜戦況を注視し、国家の前途を案じて、よくそのことを話題にしていました。その中、ドクターは軍医を志願し、夫人も看護婦を志願してともに欧州の戦場に出てゆきました。アメリカ人の愛国心というものを重ねてまざまざと見たわけであります。

ロチェスターに滞在している時、マシュー夫人から一通の手紙とともに小包郵便が届きました。私が出発したあと「室を掃除していたところ、忘れ物を見出したから別包で送った」との知らせであります。なんにも忘れた物もないのにと小包を開きますと、靴下が一足出て来ました。私が踵に穴のあいた靴下で靴をふいて、靴磨き賃を節約していたのを、出発の際屑籠の中へ放り込んでおきました。マシュー夫人はそれを叮嚀に修繕し、洗濯して送ってくれたのでした。私は冷汗と熱涙とが同時に流れ出ました。「余りに有難くもったいなくてこの靴下ははけません。東京へ持ち帰って妻とともにいつまでも御懇情を記念したいと思います」という意味の返事を出しました。

アメリカ参戦後のある日、出征部隊の出発を見送りました。四列縦隊で行進してロチェスター駅につき、そこでダンス・パーティーを開いて別れを惜しみ、行を壮《さか》んにしようというのです。その行進を見ていた町の人の間から若い女がとびだし、いきなり兵士にキッスしました。気狂いだと思ったら、あちらからも、こちらからも、同じような気狂いが、つぎつぎにとび出しましたが、隊長も、見物人もなんとも思っていないようです。こんな軍隊が一体役に立つのかしらと思いましたが、この軍隊が欧州戦場で最も勇敢に戦ったと聞き驚きました。

マシュー博士のところでも、ドクター・スミスのところでも、外国人である私のことをよその国のものであるというような差別感を全然持たず、わが家の一員として待遇してくれました。話をしていても、万一私の考え方に誤りでもあった場合には、遠慮容赦なく注意もし、私によく理解できるように教えてくれました。人情に国境はないといっても、よくもこうやさしく、いたわりの心持をもって導いてくれるものだと幾度感激したかわからぬほどであります。教養の高い人達には人種的偏見というものがありません。すべての人に平等であり、常に愛情に生きているということをしみじみと体験しました。しかも、そうした人達なればこそ、国家を愛し、国のため、同胞のためにはあえて個人的楽しみを忘れ、家庭生活の不自由を忍び、身を挺して国難に赴くという気概に燃えていたものでありましょう。

私は渡米前、アメリカ人の愛国心についても疑問を持ち、個人主義に徹している国であるから、国内の協調協力という点に欠くるところがありやしないかと思っていました。それらの疑念があまりにも早くとけたことを意外とし、数々の実物的教訓を得て、むしろ驚嘆したほどであります。これはたまたま私が立派なアメリカ人に接する機会に恵まれたからでありまして、もしそうでなかったならば、私のアメリカ観ならびにアメリカ人に対する考え方が逆の方向になったかもわかりません。

当初の対米観を修正し、中国問題に異常の関心を持つ

渡米中の所感として、もう一つ思い出を回顧して見たい。私はアメリカ最大の製鉄会社USスチールの重役オースチン氏の御宅に妙なことから二ヵ月居候をしまし

た。夫人が東洋、殊に日本に関心を持ち、しかるべき日本人を二ヵ月間世話したいとニューヨークの日本人会に申出たが、窮屈だといって誰もゆく人がないと聞き、私が申込んで早速引取られたというわけなのです。オースチン家は、ニューヨークの隣り、ニュージャージー州のジャージー・シティにありました。公園のそばにある大邸宅で、私はグリン・ルームというきれいな部屋に起居しました。

厄介になってから間もなく私の紹介かたがた親戚知人を招き、夫人主催でジャパン・デーが開かれました。同家にある数々の日本品をならべ日本の景色風俗の写真なども陳列されましたが、最も注目を惹いたものが、私の手土産である硯、墨、筆、巻紙、封筒などであったのも愉快でした。席上、乞われるままに墨をすり、筆をとって巻紙にスラスラと手紙を書いて見せましたところいずれも舌をまいて驚き、大よろこんで大騒ぎでした。そこまでは大できであったのですが、さて食事の時、大失敗をしてしまいました。主賓の席を与えられ、少し堅くなっていたせいもありますが、骨付きの鶏肉をナイフとフォークで苦労していじっているうちに、カチンという音とともに骨がとび出して隣りの人の皿に落ちてしまったのです。アッと思ったが、もう間にあいません。

その翌日から夫人が先生になって行儀作法を教えてくれることになり、まずテーブル・マナーからはじまりました。手づかみで食べられるのは骨付きの肉、アスパラガス、そしてコーヒーについている角砂糖もつかんでよろしいというようなことなど初歩の心得からいろいろ教えてもらいました。が一々覚えられません。それからは夫人の真似をしていればいいと腹を決めて、一挙一動そのままを真似ました。ところが、ある時、私がスープをのんでいると夫人は笑いながら「それは女ののみ方です。男はそうするものじゃありません」と注意されました。夫人の親切も私の失敗もいまだに忘れられません。

夫人は教養の高い、信仰の篤い方で、日曜毎にきょうはどこそこの教会でこういう牧師の説教があるから行くがよいといって、三十マイル、五十マイル離れたところへ連れてゆかれました。ある日教会の日曜学校を訪ねました。そこには男のクラス、女のクラス、青年のクラス、子供のクラスの外にクレイドル・クラス―揺りかごのクラスというのがありました。生れて間もない赤ちゃんを揺りかごにいれ、美しい音楽を聞かせて遊ばせておくのです。私はクレイドル・クラスの必要に疑問を持ちましたところ、教会は空気もよし、この環境のよいところで高尚な音楽を聞かせていれば、赤ちゃんの性格が自然に清らかなものになるでしょうといわれ、マネーの国、物質万能の国民だと見ていた短見を秘かに恥じました。

ある日ダルトン・プラン（ダルトンではじめられた自学自習を重んじる教育法）を実行している小学校を見ました。教室には子供の手の届く場所に玩具、絵をかく道具、書籍などがおいてあり、子供らは自由に本を読み、あるいは絵をかき、玩具をいじくり、遊んでいるものがある。先生は知らん顔をしている。驚いて、「先生はなにをするのですか」とたずねましたら、「この学校の先生が一番むずかしい。こうやって自由にさせているうちに子供の性格やら才能やらを発見し、それを育成してゆくのだから容易じゃない。この方式の欠陥はよい先生を得ることが困難だということなのです」と夫人は教えてくれました。民主主義のコツもここにあるんだなアと合点いたしました。

また普通小学校に行った時のことです。校長はどういう授業を参観したいかというう。修身、道徳の授業をと希望しましたら、アメリカにはそういう時間はない、社会科、歴史などの時間に修身、道徳の教育をしているという。そこで歴史科の授業を見せてもらいました。十二、三歳の子が二十名程度の組です。面白いのは、アメリカの歴史教育では、現代から古代にさかのぼるというやり方、わが国と反対です。わが国は古代からはじまって、現代になると教えてくれない。先生が私のために特に生徒に質問し、どういう答えをするかを見せてくれました。その一つにはこんな問答がありました。

「今フランスからお客が来ているが誰か」「ジョフレーであります」「どういう目的で来たのか」「ジョフレーはアメリカから兵隊と武器弾薬を供給してほしいといっています」「よろしい、イギリスからは誰が来ているか」「バルフォアであります」「その使命は」「兵隊とお金と武器弾薬とがほしいそうです」「日本から誰が来ているか」「石井菊次郎大使です」「なにしに来たか」「石井大使はきのうサンフランシスコに上陸したばかりでまだわかりません」

私は興味をもって聞いていました。そのうち生徒の一人が、「先生そこに日本のお客がいますが、日本がなにを求めているのかきいて下さい」と思いがけない質問がとび出しました。大変なことになりました。先生はしきりに答えてやってほしいとすすめる。咄嗟のことですし、石井大使の使命もわかりませんので躊躇していますと、オースチン夫人は傍からなにか話せといわれます。私もやむなく立ち、「日本は兵隊もいらない、武器もいらない、お金もいらない、日本のほしいものはアメリカの友情である」といいましたら、生徒も先生もドッと笑い、日米間の友情が俄かにわきたったように和やかな空気をかもしました。

私の渡米後半年余りして島安次郎氏（国鉄島技師長の父君）を団長とする船鉄交

換の使節団が参りました。アメリカから鉄材をもらい、日本は船を造って連合国に供給するための交渉に来たのであります。私はその手伝いをさせられました。当時アメリカの港という港には日の丸をかかげた日本船が巾をきかせ、海軍国として知られたオランダ、デンマーク、ノルウェーの船は寥々たるものでした。太平洋岸のごときは殆んど日本船のみでした。わが国の造船力が飛躍的増大を見た時代であります。

使節団の仕事が一段落ついたころ、留学期間の一年がたちました。政府から帰国命令が来ましたが、旅費はすでに使ってしまって帰れません。電報で旅費請求をしますと送ってあるという。使ってしまったからとまた督促しました。友人は心配し、クビになるからと忠告します。私は街角で働いている靴磨きが、一日手取り十ドル、一ヵ月三百ドルになるというではないか、威張って靴を磨かせている私らが政府からうける収入が二百円、たった百ドルすなわち三分の一だ、クビになったら靴磨きをやるよといって、なん度も旅費の請求をしました。結局旅費をまた送って来ましたので、ようやく数ヵ月おくれて帰国しました。

私のアメリカ留学はこのように短期間ではありましたが、アメリカ人の家庭生活、信仰態度、教育の実際を見、当初抱いていた私の対アメリカ観を大修正せしめたことは予期以上の大収穫でした。同時に私はこの時以来、中国問題に異常の興味と関心とを持つようになり、日本と中国とが仲よくして、政治上でも、経済上でも、互に提携し、親善をはかることが、日米関係調整の前提要件であることを知り、以来中国問題を研究するようになりました。一年のアメリカ生活は、私の一生の針路を大きく転換させました。

関東大震災後、復興院に入る

土木局長任用のことから後藤総裁と深夜激論を戦わす

一度早く中国を見たいという私の念願がかない、政府から二ヵ月半の日数をもって中国視察の命をうけ、いよいよあす東京出発という日、すなわち大正十二年九月一日、三井銀行から信用状を届けてくれ、その使いがまだ帰らないうちに、突如としてあの大震災が起りました。折柄滝脇子爵が来談中でしたが、凄い音をたてて窓ガラスはわれる、棚のものはおちる。恐ろしさに思わず二人とも分厚い板でできている机の下にもぐりこみ、しばらくたってから、機をみてはいだし、よろめきながら外へとび出しました。

思うてもひどい大震災でした。東京市の約三分の二が壊滅したのです。死者九万人、罹災戸数三十一万、罹災人口百四十八万、人口の六五%がやられました。横浜はもっとひどく、約十万戸のうち九万五千戸が罹災、罹災者四万という大変な数でした。そのため一切の交通、通信が止ってしまい、横浜港に停泊中のコレア丸の無電によって、僅かにその第一報が内外に報ぜられたのであります。

二日まだ帝都が燃えしきっている最中に、山本権兵衛内閣が成立、同日東京に戒厳令が布かれ、非常徴発令が発せられ、臨時震災救護事務局が設けられ、三日、戒厳令の適用範囲が東京府および神奈川県全域に拡大されました。政府は予備金九百五十万円を支出し、皇室からはご内帑金《ないどきん》一千万円が下賜《かし》されました。五日、ようやく電灯、電話、電車の一部が開通しましたが、人心は極度に動揺し、不安に脅え物情騒然たる有様でした。

なにしろ東京、横浜等の大都市が忽然焼土と化し、通信、交通の一切が杜絶し、夜は暗黒というのであるから、自然流言蜚語が乱れとび、凄愴の気が漲っていました。遷都説がまことしやかに噂せられたのも、こうした情勢の下にあっては無理からぬものがあったかも知れません。精神的にも物質的にも、あまりにも無残にやられてしまいましたので、文字通り呆然自失の悲惨な状態に陥ったわけであります。そうした時、すなわち九月十二日、帝都復興に関する詔書が渙発《かんぱつ》され、遷都説はたちまちにして解消したばかりでなく、東京市民に力強い自信を与えました。この詔書によって東京は依然首都たるの地位を失わぬばかりか、その復興振興策は、ただ単に旧態を回復するというのでなく、将来の発展をはかって面目を一新するものでなければならぬとし、そのために特殊の機関を設けて帝都復興のことをつかさどらしめるという根本方針が示されたのであります。

かくて九月二十七日に帝都復興院が生れました。総理大臣直轄で、罹災地の都市復興に関する総合的な権限が与えられた強力なものでありました。別に帝都復興審議会が設けられ、重要なものについて審議されるということになりました。総裁は内相後藤新平伯が兼任、副総裁は宮尾舜治、松木幹一郎両氏、幹部として内務省から池田宏、稲葉健之助、笠原敏郎、直木倫太郎、鉄道省から太田円三、平山復二郎、金井清および私らが入りました。最初後藤総裁のたてた復興予算は三十二億円でしたが、閣議で十五億円に削られ、さらに五億七千五百万円にへらされました。それが大正十二年の第四十七議会に提出され、一度さらに約一億円が削られ、あとで一億円の復活となり、総額五億一千万円、六ヵ年の継続事業になりました。その他に公共団体が実行する分があって、予算上多少の改廃が行われ、公共団体が実行するもの、国の実行するものを合せ、計八億五千万円の予算ということになりました。今日の金に直しますと三、四千億にもなりましょうか。そのうち、国の負担七七％、東京、横浜市民の負担が二三%でありました。

さて私の復興院入りですが、はじめ松木副総裁が見えて、是非臨時物資給与局と経理局を担当してほしいといわれた。けれども、鉄道も甚大な被害をうけ、箱根以東は不通、復旧に半年はかかろうといわれていました。幹線中の幹線である東海道本線をそう長く不通にしておくわけにはまいりません。そこで旅客、貨物とも他の線を迂回し、または海上輸送にふりかえていましたが、到底十分に使命を果すことができません。私は関係部局とも打合せた上、その打開策として自動車利用を計画、米国のフォード社に一ヵ月内に横浜につくよう、トラック一千台注文の案を局長会議に提出、諒承を得たので、九月三日打電しました。私達の考えでは復旧作業完成ののちは、このトラックで戸口から戸口への輸送に役立てるということでありました。

そんな事情から私はやむなく転出をお断りしました。ところが、松木副総裁から話がある前、すでに山之内一次鉄道大臣に後藤総裁から再三交渉があり、断り切れなくなった鉄相は、本人の意志次第と回答しておったことを知りましたので、私もそんなに後藤総裁からお話があったとあっては辞退できません。

私はその際、後藤総裁に対し「復興事業は非常に困難であるが、結局仕事は人によって行われるので、人選は慎重を要します。ついては太田円三君を土木局長にしてもらいたいと存じます」とお願いし、総裁も承知せられました。ところが九月二十九日発令になったのを見ると太田君は土木局の勅任技師で局長ではありません。驚いて調べたら、内務省の直木倫太郎君が復興院入りすることになったので、局長の椅子はそちらに回り、太田君はまだ若いので勅任技師でいいだろうということになったというのです。

私は早速総裁に会見を申込みましたが多忙のため夜半でなければ会えないという。そこで私は金井清君とともに午前零時ころ後藤邸に参りました。そのころまだ多数来客があって、総裁にお会いできたのは午前一時すぎでした。私達は太田君を土木局長にしてほしいと懇請しましたが、すでに副総裁と相談して決定発令したあとであるから、再考の余地はないといってきいてくれません。私としては総裁との間に取り決めた約束もあり、卒業年次や年齢でポストを決めるようでは到底仕事はできないという固い信念が裏切られるし、友人太田君を説いて復興院入りを納得せしめた経緯もあり、だまって引下るわけには参りませんでした。そこで「後藤という人は遠くから見れば大人物ですが、近くで見ればそこらに沢山ある平凡なえらい人です。こういう人の下では到底復興事業のような難事業の成功は望めない。私は遺憾ながら総裁についていけませんから決心いたします」といいきって辞去しました。それが午前三時でした。帰宅して直ちに辞表を認《したた》め、書留で送ることとし、午前六時頃ぶらりと家を出て、どこへいくというあてもなく歩いていくと飛鳥山につきました。ひょっと下を見ると列車がいる。思わずそれにのって前橋に行き、伊香保の木暮旅館に入りました。

翌朝宿を出てぶらりと見晴台に立ち、関東平野を見下ろして、「東京はどのへんかしら」とわけもなく物思いに耽っていましたら「オーイ、オーイ」と呼ぶ声が聞えます。ふりむくと意外にも太田君でした。話があるから宿に帰れというので、一緒に宿に帰り、太田君の話を聞きました。

後藤総裁は私達が辞去したあと、早暁、内務次官塚本清治氏、直木倫太郎氏、松木副総裁の来邸を求め、今、十河、金井両君がこういうことをいって帰った。しかも散々わしを罵倒していったが、どうしたらよいかと相談された。松木副総裁は、かれらの要望をいれてやることが至当ですと答えた。すると本当にそう思うかと駄目を押し、実は自分もそう思ったが、君達と相談して決めたことだから、再考の余地なしときっぱりいいきったのだ。しかし諸君がそう思うなら、その通りにしてやってほしいといわれた。その結果、直木倫太郎氏は技監となり、土木局長には太田円三君がすわることとなり、私達の希望が叶えられたので、朝早く松木副総裁が私宅を訪れたそうですが、私はすでにいなかった。どこへ行ったのかと、鉄道電話や警察電話を利用し、あちこち探して、ようやく私の居所をつきとめて来たというのです。私もことの次第を知り、恩顧をうけている先輩に対し、申訳のないことをしたと恥じ入り、辞表を取消し復興院で働くことになりました。後藤総裁という人はこういう人でありました。

冤罪で未決監に収容さる

高圧無礼な検事の取調べ、犯罪事実なしと無罪の判決

私にとって生涯忘れることのできない思い出の一つは、冤《えん》を蒙って九十七日の間、市谷の未決監に収容せられたことであります。

大正十五年一月二十六日、折柄議会開会中、私は政府委員室から東京地方裁判所検事局に召喚せられました。身になんの覚えもない私は、一体なんのために召喚せられるのか、さっぱり見当がつかず、驚きもし、腹もたったが、拒否するわけにもゆきませんので、検事局に参りました。当時私は鉄道省経理局長でありました。

取調べに当ったのは石郷岡検事でした。まず最初に聞かれたのが、政界、財界における友人関係、特に懇意にしている人とは、いつどういうことから知ったかということでした。私はありのままにいろいろの友人と親しくなった道程を説明しまし

た。するとつづいて、それらの友人と最近どのようにして往来し、どういう交渉があったかといいますので、これまたありのままを答えました。ところが、今度はなんの必要があって、政友会の森恪《いたる》宅に頻繁に出入りしているのかとか、君の取引相手はことごとく君と友人関係のあるところじゃないかというように、なにか予断をもって決めつけるような質問ぶりでしたので、私は声を大にして検事の質問態度の不都合をなじりました。

検事はうそぶくように、野党幹事長の家へ夜陰私《ひそ》かに訪ねてゆくとか、友人関係のある会社から、沢山の品を購入するとかいうことは、疑惑の眼をもって見られても仕方ないではないか。友人というものは結局利害によって結ばれるものではないかというのです。私はむっとしました。そこで、友人というものは神様から恵まれるもので、作ろうとしてできるものではない。あなたのいうように単に利益だけで結ばれるものを私達は友人と考えていない。ハートとハートの結びつきのあるものが真の友であって、利益によって結ばれたものは朋党の類であると申しますと、驚いたことにはハートとハートの結びつきだなんて色恋のようなことをいってごまかしてはいけない。ちゃんと調べがついているのだから、どうにもならぬよ、というではありませんか。

全く人を馬鹿にした態度です。不遜無礼も甚しいものです。私はとうとうかんしゃく玉を破裂させてなじるように申しました。「あなたと私とは友人に対する見方、考え方が全然ちがう。これは人生観の相違からくるものといわねばなりません。住んでいる世界がちがうのであるから、あなたがどういう意図をもって調べているのかわかりませんが、公の立場に立って人の運命を決定しようとする役人の態度とは思えない。あなたがどのような証拠をもっているのか私には全くわかりませんが、あなたは取調べの結果や、証拠によって自由に処断せられるがよろしい。私はあなたともう問答無用と思いますから、今後はあなたの質問に対して一切お答えいたしません。あなたは検事の職権によって所信通り行動せられたらいいでしょう。」

私が拘引せられたあと、一高以来の親友で弁護士をしていた百崎保太郎君が、他の用件で私を訪ねて議会に来たところ、私が検事局へ召喚されたと聞いて驚き、早速検事局に来て検事に私との面会を申込みました。検事は一も二もなく拒絶しました。ところが、百崎君は、「自分は法律を護ることを使命とする弁護士だ。もし普通の人なら、さようですかと引下ることもできようが、自分は職業柄黙って引下るわけにはいかない。面会を拒絶するには、それだけの法的根拠があると思うが、それはどの法律のどういう条項によるものか、示してもらいたい」と抗議しました。

検事は百崎君の理詰めにまけて私との面会を許しましたが、そんなことが原因したのか、それ以上取調べもしないで、直ちに私を起訴し、接見禁止の処分にしました。そしてそのまま未決監に放りこまれたのであります。

百日近い拘留中、最初の二ヵ月はなんの取調べもなく、時々検事局の被告控室まで連れ出されただけです。その後前後六回検事の取調べをうけましたが、どうも検事に先入観があるらしく、私の説明には耳をかそうとせず、一方的に押しつけるような奇怪千万な調べ方でありました。そしてやがて公判になってから、はじめて検事の起訴事実がすべてデッチあげのものであることがわかりました。

検事の論告によれば、第一、東京の区画整理用地買収に関し、第二、鉄道省の発電所用機械購入に関し、第三、静岡県伊東町の鉄道療養所用地買収に関し、第四、アメリカ、カナダ、南洋からの木材輸入に関し、十数万円の収賄をしたというのであります。

第一の区画整理用地買収問題は、関東大震災のあと、帝都復興院の経理局長時代、復興院で道路用敷地を買上げていました。このことに関連し、当該責任者である稲葉健之助整地部長が収賄嫌疑で収監されておりました。不幸にして私の友人松橋良平君が下町に土地を持っており、その一部が復興院に買収せられたが、その価格が不当に高いというのが検事の意見でした。松橋君は鉄道省に奉職していた時、私の部下でありましたが、退職して証券界に入ってから意外に成功して巨富を得ました。ところが、鉄道にいたころ、私に精神的、物質的に大変世話になったということを感謝し、私が郷里の青年学生を寮にいれて、学費の世話やら、就職の世話をしているのを知って、その所要資金を時々提供してくれていました。私はかれが株式界で活動して得た利益をさいて、育英事業のために提供される奇特の志をうれしく思い、よろこんでこれを受けていました。そうしたことから私がなにか関係でもしていたように見られたわけですが、かれが下町に土地を持っていたことも、その土地が買収されたことも検事から聞くまで全く知らなかったのであります。

第二の問題は、鉄道省経理局長時代、信濃川の発電所だったかと思いますが、その拡張のためタービン、ボイラー等を購入することになり、芝浦、三菱、日立の三社から見積書を徴しました。その結果一番札は三菱、二番札が芝浦でした。もちろん、三菱に発注するのが常道でしたが、井上昱太郎電気局長から、この増設機械は在来の芝浦製機械と同じ場所に据えつけ、並行運転をするので、同じ会社の製品を設備した方が能率的によく、是非とも芝浦の製品を購入してほしいという申出がありました。そこで青木周三次官を中心に関係局課長が会議を開いて協議した結果、芝浦から購入することとなったのであります。

ところが、どういうわけだったか、芝浦製作所では、販売部長に十万円を渡し、これを私に謝礼として贈ったというのであります。私はその販売部長に一度か二度会ったことはありますが、ともに会食したこともなく、そのようなことは聞いたこともありません。いわんや金銭の授受などということは思いもよらぬことでありま す。あとで聞いたことですが、私が未決監に収容されていた間、はじめの二ヵ月間、東京市内の待合、料理屋などを片端から訪ねまわり、私と会社職員とが会食した事実があったかどうかというようなことを、しらみつぶしに調べたそうです。警視庁の取調べに当った警官も、苦労して調べて見たものの、なんの事実もあがらなかったので、却って驚いたということであります。また芝浦の会社から支出された十万円の行方ですが、私に贈られるどころか、販売部長が私に贈るというて自分のポケットにそのまましまいこんでいたのであります。それを検事が知っていて、私が彼を法廷に引出して対決したいと証人に申請したにかかわらず、なぜかこれを却下したのです。私はその理由を検事に質問いたしましたが、必要なしというの外、答弁がありません。誠に驚き入った話です

第三は伊東療養所に関する問題です。確か大正十三年の年末休暇の折であったろ

うと思います。種田虎雄、八田嘉明、太田円三君ら約十名の同僚友人らとともに伊東温泉に一遊いたしました。その際、伊東町長、町会議員らが、鉄道省では熱海に一万坪の療養所敷地を物色中と聞いているが、熱海には到底適当な土地を求めることはできぬだろう。伊東ならば、土地も広く空地も多いから、療養所を是非伊東に建ててもらいたい。いずれ熱海から伊東まで鉄道が通ずるようになるだろうが、療養所ができれば、それも促進せられるようになろう。伊東町としては、そうした将来を楽しみにしているので、時価の半値程度で土地のお世話をしたいと思うという話がありました。

一行の誰もがその話をもっともだとして、いい機会だからといって候補現地（現在の伊東駅のある場所）の視察までしたのであります。それからしばらくして当時鉄道省の嘱託であった真鍋東大教授が療養所敷地の問題で実地視察をしようといって出かけました。こうした縁から熱海に療養所を作るという計画が変更され、伊東に設けられることになりました。そして伊東町長の斡旋尽力によって、約一万坪の敷地を、坪三十円足らずで購入することができました。時価坪五十余円でしたので、非常に安く手に入ったわけであります。私は経理局長として、この用地買収に必要な予算措置をとりましたが、一方、伊東町は運動費として五千円を支出したということですが、もちろん私の全く知らぬことですが、この金が問題になったわけです。ところが、あとになってこの金がある人のポケットに入っていたことが、衆議院議員の選挙違反事件から判明しました。

第四はアメリカ、カナダ、南洋材の購入についての疑惑でした。大震災のあと、復興院が設立せられるに先立ち、農商務省では、罹災家屋の坪数等から計算し、震災復興に約九百万石の木材を必要とするが、その三分の一に当る約三百万石をアメリカから輸入するという計画をたて、閣議ならびに枢密院の議を経て、日本政府からアメリカ政府に公式に依頼し、フウバー商務長官が当業者を集めて、六ヵ月以内に三百万石の木材を日本に輸送するよう手配されたのであります。

復興院ができてから、私は臨時物資供給局長となりました。そしてこの問題を担当することとなったのであります。ところで、私は成程、罹災家屋を復興するために必要とする木材の数量は農商務省の計算した通りであり、またその一部を外国から輸入することも必要であると考えましたけれども、三百万石の木材を六ヵ月以内にアメリカから輸入するという計画は、時期と数量とから見てあまりにも早急過大に失すると判断しましたので、これを三分の一、すなわち、百万石に改訂したいと提議しました。後藤総裁は専門家が十分研究の結果、立案し、しかも閣議、枢密院の議を経て、日本政府から正式にアメリカ政府に依頼したあとであるからというので、私の提議を容易に受けいれてくれなかったのであります。私は「京浜間には三百万石の材木を貯蔵する場所がない。あるいは牡蠣にくっつかれたり、あるいは陸上で腐らせてしまう恐れがあるが、そんなことになったら申訳ない。かといって三百万石の材木を急いで売出せば木材市場に大波瀾を巻起し、価格は暴落し木材業者の破綻を来し、ひいては財界にパニックを起す危険がある。関東大震災で日本の信用がガタ落ちしているところへ、更にパニックが起ったとなったら日本はどうなりますか。日本政府の体面を維持することも大切でありますが、国の命には代えられません。むしろこの際は取りあえず百万石にして、あとは必要に応じて注文するということにして下さい」と、輸入木材を最小限度に止める意見を強硬に主張し、農商務省、外務省を説得し、閣議、枢密院にも説明し、ついに日本政府からアメリカ政府に三百万石を百万石に減らしてほしいという訂正依頼の電報を打ってもらったのであります。しかしアメリカではすでに木材業者に交渉済みだったので、業者はこの減量を納得せず、自然契約の締結ができないで停滞していました。

震災で焼けだされた東京市民としては、一刻も早く復旧資材の潤沢低廉に供給せられることを願うことは当然であります。したがって、関係の国会、府市会等の議員がしばしば来訪し、あまりケチなことを考えるな、なぜ三百万石の米材輸入を実行しなかったかとやかましく責めました。また百万石に減らすなどというから、アメリカの業者がつむじをまげて契約に応じてくれないのであろう。これでは市民が非常に迷惑する。早く米材を輸入できるようにしてもらいたいと、毎日のように迫って来ました。この市民の陳情、市民の声に私もいたたまれなくなりました。時たまたまカナダのマクミランブローデル木材会社の代表者が来日中でしたので、二十万石の商談を決めました。さらに建具、家具類の用材として南洋材五万石を購入することとし、木材輸送のため日本船がカナダ、南洋にいくという新聞発表をしました。この報が伝わったためか、アメリカから百万石の契約をしようといってきましたが、すでにカナダから二十万石買うことになったので、米材は八十万石にしてほしいと希望し、八十万石購入が決りました。後日この木材の処分で数千万円の赤字を出し、国会の決算委員会で大問題となりました。百万石に減らしてすらそんなことになったのでありますから、もし当初予定の三百万石を輸入していたならどんなことになったろうかと思うとゾッとします。それはさておき、この木材購入が通例の方法とちがっているというので検事局では疑惑をもって取調べられたわけであります。

私は検事の根拠のない論告に対し、十一ヵ条の質問書を提出しましたが、検事は被告の質問に答える義務がないといって黙殺されました。第一審では、芝浦製作所の機械購入事件と松橋の用地買収に関する事件がとりあげられ、執行猶予つきの有罪という判決をうけました。もちろん私は直ちに控訴しました。そして第二審は証拠不十分ということでなく、犯罪事実なしということで無罪の判決をうけたのであります。

私の恩人である当時の仙石鉄道大臣は、私の雪冤会で「雷が落ちたようなものだ、天災だと思ってあきらめてくれ」といわれました。私を拘引しようという時、江木翼司法大臣に対して仙石大臣は、「十河に限ってそのようなことをする男ではない。それにもかかわらず君が召喚するというならば、一切の責任を負う覚悟をせねばいかん」と駄目を押したそうであります。のち仙石氏が満鉄総裁に就任され、私を理事に懇請したうら話として、江木氏が極力私を推薦したということを承知しております。また江木氏が病重く、命旦夕《たんせき》に迫った際、私を枕頭に招き、「森恪君との関係について迷惑をかけて相済まぬことをした。国家の大事を託し得る人物というものはそう多くはない。どうか森恪君を助けて、どこまでも国家社会のためにつくしてほしい」といわれた。このことを森君に伝えるため、私は赤坂の江木邸から、そのまま千駄ケ谷の森邸にかけつけました。折柄、森君は風邪をひき、発熱中でやすんでおりましたが、このことを聞くと非常によろこび、直ちに私と同道、江木邸にゆき、江木氏を見舞って、堅い握手をかわしました。長い間、政敵として対立、火花を散らして争ってきた両雄が、涙を抑え、手をとりあって誓いあったこの瞬間の光景は、いつまでも私の眼に刻みこまれています。その年の九月十七日、江木翼氏が、越えて十二月十一日に森恪氏が、相ついで他界しました。死に臨んでの二人の友情は清く、その間にかわされた言葉は尊い。正に両氏にとって名僧、知識の引導にもまさるものがあったでしょう。

また親友の太田円三君は論告中、太田君が斡旋して伊東に療養所敷地を買収した際、町長が五千円の運動費を支出し、それが私の収賄とされたということに憤慨し、同時に私に申訳ないことをしたとして自殺してしまった。さらに親友の種田虎雄君は、運輸局長の現職にありながら、特別弁護人となって、検事局の不当に痛烈に反駁し、それが原因して鉄道省を退官しました。のち今の近鉄専務となり、やがて社長になりましたが、当時芝浦の製品は一切買わないということを会社内で主張していたということであります。私の不徳から多くの友人にえらい迷惑をかけ、取返しのつかない結果を来したことを、今に至るまで折にふれては思い出して、悔んでおります。

仙石総裁の熱意から満鉄へ

そりのあわぬ後藤初代総裁の銅像除幕式祝辞でもめる

昭和四年の夏に仙石貢氏が満鉄総裁になりました。その時、私に「是非ともお前が必要だから、満州に来て助けるように」ということでした。もちろん、私の浪人生活の内情を十分に察してのことであったのです。当時、満鉄の社員会あたりでは、人材雲のごとき多数社員の中から理事を択ぶべきである、といういわゆる社員理事運動が澎湃《ほうはい》として起こっておりました。私は仙石総裁のご厚意には心から感激しました。しかし、私はいやしくも満鉄の重役になるものは、満州に骨を埋める覚悟がなくてはいけないと思っていましたし、私自身そうした決心がつきかねましたので、よくその心境をお話して辞退しました。ところが、一年近くたった五年六月、満鉄の総会が東京で開かれた時、大連から上京して来た仙石総裁から重ねて要望されました。

そのころ、私は関西のある悲境に陥っていた電気会社の建直しに協力していました。それにもう一つ映画を通じて社会教育に力をつくしたいと思い、牧野省三君の助けを得て京都で映画の研究をしておりました。したがって、浪人であったとはいえ、前よりも一段と引受けにくい状態にありましたし、また依然として満州に骨を埋める決心もありませんでしたので、「度々のご好意に背いて申訳ありませんが、ご勘弁願います」と申上げて京都へ帰りました。それでも仙石総裁はあきらめず、種田虎雄君に相談されました。種田君は、「承諾などどうでもいいから辞令を出して下さい。そうすれば私が必ずかれを説き伏せます」といいきった。そこで私の満鉄理事就任の手続が進められ、辞令が出ると同時に種田君から招電が来た。東京へ来て種田君に会うと電気会社や牧野省三氏には自分が断ってくるから是が非でもうけろという。仙石総裁は私の恩人であり、種田君とは特別の関係であります。私にはこの上断るということはできません。そこで就任の決心をし、仙石邸に赴き、希望条件を出しました。というのは、「仙石総裁一代限りの理事であること、すなわち総裁がやめたら任期中でもやめさせてもらう。また総裁が満州にいることが国のためにならぬというような場合には……当時病気でしたので……やめていただき、一緒に帰ることにしてほしい。このことを総裁夫人、鍋島秘書立会いの上約束してもらいたい」というのであります。仙石総裁は快く承知され、夫人と秘書同席の上、私に約束されました。かくて私は総裁とともに満州に行ったのであります。

その翌年の春ころから、仙石総裁の病気は重くなり、これ以上任にあることは個人としても、国家としてもよくないと思いましたので、私が上京、若槻首相、幣原外相、伊沢多喜男氏らに総裁の近況を報告し、辞職させてほしいと懇談しました。政争のはげしい時代であったのみでなく、仙石総裁は、内閣と党とを支えていた唯一人の実力者であったので、病気で辞任したとなると、そのおよぼす影響は甚大であります。そこで政府や党にとって、総裁更迭の問題は頭痛の種であったらしく、時間的におくれましたが、遂に六月に入って辞任と決りました。私はもちろん約束通り総裁の辞表提出より一日早く仙石総裁を通じて拓務大臣に辞表を出しました。が、私の辞表は却下されました。仙石総裁は私を病床に呼び、「自分は病気でやめるが、後任には自分の意思を継ぐ内田康哉、江口定条の正副総裁がある。満州の現状から見てお前は絶対必要だから、自分を助けると思ってこの二人を助けてくれ」と涙ながらに諭されました。この前、江口副総裁に会って、総裁との約束や、森恪との関係からひどい目に会った前歴を話し、この機会にきれいに辞めたいと願ったが、どうしても承知してくれない。また内田新総裁からも是非とどまるようにいわれたので、やむを得ず残りました。

仙石総裁は二年足らずでやめましたが、在任中の報酬、ボーナスには一度も手をつけませんでした。それを悉く浜口雄幸氏のところへ届けました。そして自らは家屋敷や株を担保に銀行から借金しておりました。鉄道大臣をやめた時も、後任の井上匡四郎氏のためにすでに使った機密費を自分のポケットから出して予算同額にして秘書官田中武雄君に渡しました。

総裁をやめてから、やはり病勢が日々悪くなりましたので、私は在京中毎日のように仙石邸へ行き、お手伝いをしました。ある日、夫人が一寸顔をかして下さいといって別室に伴い、「私は仙石がどれだけ預金があるか、どれだけ財産があるか知りません。ただ銀行に小切手を持って行けば金がもらえたので、のんきに暮してまいりました。ところが、きょういつものように三菱銀行に小切手を持参したら、実はお宅とは百万円の貸越契約が出来ておりますが、もう百五十万円を超過いたしております。五十余万円のオーバーですので、なんとかしていただかなければ困りますというて小切手を返されました。どうしたらよいでしょうか」という相談です。私もハタと困りました。しかし、病人の命は旦夕に迫っています。成算などありようはずもありませんが、「よろしいです。私に委せて下さい。なんとか引受けていたします」といって夫人を慰めました。

さていろいろ考えましたが名案が浮んできません。結局三菱にたのむより外に方法がない。そこで岩崎久弥氏を訪ねました。岩崎氏には農業のことで二度ほど会ったことがあるだけでしたが、気持ちよく会ってくれたばかりでなく、私から仙石家のことをお願いすると「それは相済まんことでした。全く知りませんでしたので、あなた方にご心配をかけ申訳ありません。私が引受けますから安心して下さい」といとも鷹揚に快諾せられました。それからまた小切手が通用するようになりました。死後遺産としては夫人名義の片瀬の別荘だけ、土地は二、三千坪でしたが、それを三菱に買ってもらい、土地の一部を残して小さな家を建て、未亡人と二人のお子さんが住まわれました。

私は若いころ後藤新平氏の指導をうけ、のち仙石貢氏に多く教えられました。この両先輩はいわば私の恩人であり、先生でもありました。ところが、この二人が性格的に合わないものか、他に理由があるのか、よくわかりませんが、感情的にもよくなかったことは不思議なほどであります。それを実証するによいこういうことがありました。

満鉄で初代総裁後藤新平氏の銅像を作り、これを星ケ浦に建てることになっていましたが、ちょうどできあがって除幕式をやるという時の総裁が仙石貢氏でした。そこで後藤一蔵氏、田中清次郎氏をはじめ昔の関係者も多数東京から大連に来ておって、毎日のように集って除幕式の相談をし、総裁に祝辞を読んでもらいたいというと総裁はいやだという。どうしたものかと頭をひねっておりました。私もこれらの人々からも頼まれておりますし、恩人のことですから、いろいろと仙石総裁に頼みますが、いつも「祝辞というものはほめなければならぬものだろう。ところで、後藤になにかほめることがあるか。わしは悪いことはどっさり知っているが、よいことは少しも知らない。お前がよいことを知っているというならお前が読め、わしは読めない」こういって頑としてきかない。一同は困って私になんとかしろという。日はいよいよ明日に迫って来た。仕方なく私が祝辞を書いて持って行くと「ここはほめすぎているからいかん、こんなことはうそだ」といって読もうとはいってくれない。幾度か書き直し、まことに簡単なアッケないものにしてようやく承知してもらい、ヤレヤレと胸をなで下ろしたことがあります。気性のはげしい人でしたから、自ら許した人には徹底的に応援もし、情誼もつくしましたが、反対に信用しないとなったら、どんなことでも許しませんでした。妥協などいうことはおよそ大嫌いであったのでしょう。昔の士にはこういう型の人物がいたのではないかしらと思ったことでした。

少壮軍人を刺激した「戦跡案内」

ロータリーの講演にいきりたった花谷少佐と車中邂逅

昭和五年七月、仙石満鉄総裁の再三にわたる強い要請に応え、ようやく満州行を決意した私は満鉄理事を拝命、九月大連に着任しました。就任挨拶のため満鉄沿線各地を型通りまわりましたが、その際、私の胸にピンと感じましたことは、沿線主要駅にあまりにも沢山ある石に刻まれた戦跡案内のことでした。日露戦争は国運を賭して戦ったもので、国民として先人の遺業をたたえ、その功績を追慕するのはよいことであるとしても、一面満鉄線は欧亜をつなぐ世界の主要公路であるから、外人が自由に往来する。もちろんソ連の人も来るであろうが、その人達にはかつての帝政時代のことであるとしても、ロシアの将軍が降服したところとか、師団が全滅した地というような説明つきの戦跡案内を見てどのように感じるか、これは余程考えなければならぬことと思いました。丁度そのあとで大連のロータリー・クラブの午餐会に出席しましたところ、満州の第一印象を話せといわれました。そこで早速この問題をとりあげて申しました。

「今は平和時代でありますので、政治、経済および文化などの目的から、各国間の往来がまことに殷賑《いんしん》をきわめております。したがって、交通機関は各国間親善の紐帯となって繁昌しておりまして、満鉄線もこの世界一周の重要な公路となっています。ところが、本線の主要各駅ホームに戦跡案内が建てられていることは穏かでないという印象をうけました。

ソ連と日本とは今日は友好国であります。畑や山の中なら兎も角、天下の公道に今なおこうしたものを建てておくことは、この鉄道を通過する外人ことにソ連人に非常な不快感を与えると思わぬわけにゆきません。そればかりでなく、日本人にとっても先人に感謝するというよき面がうすれて知らず識らずの中に軍人にたより、問題を軍部によって解決してもらうというふうに、何事に限らずいわゆる強硬外交というような傾向がでて来る恐れがありはしないでしょうか。外交が軟弱だ。実力行使によって速かに問題を解決すべきだという傾向が戦跡案内によって誘発されることがあっては大変であります。こういうものはできるだけ早く撤廃せられるべきで、今日まで存在していたことは遺憾であります。」

この談話は忽ち問題になりました。直接聞かれた人の間にも、もちろん賛否両論があったでしょうが、その内容が憲兵隊に伝わりましたので、うるさくなりました。なにしろ排日侮日の風潮が次第にはげしくなりつつあった現地のことですし、軍の力が擡頭し、風雲を巻き起さんとしつつあった時でしたから、「十河は怪しからんことをいう」と激昂したものも少なくなかったようです。私は憲兵隊の取調べをうけました。その結果、東京にも報告され、友人はかなり心配したようですが、幸いにも陸軍中央部に私をよく理解してくれている人々がおりましたので、不問に附せられ、いつのまにか自然に解決しました。

それから一年余りたった昭和六年の夏のことでした。私は夜半奉天を発って大連に帰任するために、列車に乗込みました。夜半でしたのですぐ寝台に入ろうと思って廊下を進んで参りますと前方から大男の軍人がやって来て、狭い廊下でぶつかるようになりました。そしていきなり、「あなたは十河さんですか」というので「そうだ」と答えますと、「僕は君を刺し殺さねばならぬ」といい、軍刀に手をかけて今にも抜く構えをしました。当時、満州の風雲は急で、軍人は皆日本刀をもっておりました。私もハッとし、本当に驚きましたが、「どういう理由でそういうことをいわれるのか、喫煙室で話をしよう」と連れ立って喫煙室に入り対談しました。

よく聞きますと去年大連のロータリー・クラブで話をした戦跡案内の問題を憤激しているのであります。今でも同じように考えているという私の返事に満面を紅潮させ、体をぐっとのり出して、「それならどうしても生かしちゃおけない」と迫って来る気配に殺気を感じました。私もとっさにこれは大変だと思いましたので、聊《いささ》か詭弁を弄して懸命に宥《なだ》めました。

というのは、当時榊原農場事件というのがあったのです。榊原という張作霖と別懇な男が奉天郊外に百二十町歩の土地を無償でもらいました。張学良時代になって、飛行場建設の計画をたて、その農場を通って、飛行場にゆくための鉄道線路を敷設しようとして榊原の承諾を求めましたが、百万元出さなければといって頑として応じません。学良はわが奉天領事に説得方を依頼したり、いろいろ手をつくして努力しましたが結局駄目だったので、無断で農場に線路敷設を強行しました。

榊原は怒って夜陰秘かにレールをはがし、取り外した枕木を使って鹿砦《ろくさい》を作り、日章旗を立てておきました。学良はそれを知らずに夜列車を走らせましたから、忽ち鹿砦にぶつかって脱線転覆しました。学良の強行策も榊原の反抗的実力行使に阻止されてどうすることもできませんでした。この場合、榊原が軍部に訴え、軍の力によって土地所有権を守ろうとしたら、恐らく武力衝突が起ったでしょう。

日本の将来は平和的に海外発展をはかるべきで、いわゆる軍の武力を背景とする強硬外交のみによる交渉は、頗る危険が伴う。日露戦争の勝利に酔って武力に頼りすぎるような傾向を作ることは国民にとって不幸です。したがって国民はよろしくそうした覚悟を持つべきだというのが、私の主旨であるという解説をしたわけです。

およそ一時間も話したでしょう。最初は興奮していましたが段々と気分もほぐれ、うちとけて、私の心持ちを理解したのでありましょう。俄かに、「悪かった、謝ります。これからは自分のごときものも同志として指導してもらいたい」と太い手を差しだし、堅く握手しました。この軍人は花谷正少佐で、満州事変当時、無類の暴れものとして知られ、のち中将になって山西戦線や、ビルマで奮戦しました。

花谷少佐との邂逅で、危うく難を免れましたが、もう一つ大きな収穫は、いろいろ話しているうちに満州に対する関東軍中枢の考え方の根本思想がほぼ理解できたことであります。日本は明治開国以来、世界各国と外交関係を持つようになりましたが、その不動の国是ともいうべき外交基本方針である「満州は日本の生命線である」という意味は、ロシアの太平洋進出を阻止するにあった。かつそれによってのみ東洋の平和、したがってわが国の安全が確保せられるということであった。それゆえまたこれがためには国運を賭しても戦わなければならぬということであった。これが国家国民の一致した外交の基本線でもあったといえるでしょう。

この基本線によって日清戦争も、日露戦争も戦われたということができる。ロシアは少なくとも満州を通り、朝鮮を経て太平洋に進出しようという意図を持っていました。しかも清国、朝鮮はそのロシアの野望進出を阻止する実力を持っておりません。そこでやむを得ずわが国が国家の命運をかけて東洋の平和を確保するための戦いを敢てして、尊い犠牲を払ってロシアの進出を阻止したのだと確信していました。花谷少佐の意見もこれと全く同じで、関東軍の考え方もこの基本線にそうものであるというように感得しました。

そういうわが国是が中国側に理解せられなかった。またわが国の側にも多くの過ちや行き過ぎもありましたでしょう。いなわが国人のうちにこの基本方針を理解せず、帝国主義的意図を持ったものが大多数で支配的勢力を成していたことも事実でしょう。とにかくそうして得た満州のわが権益が中国側に無視せられ、圧迫蹂躙せられる実情に対して憤慨し、これに一撃を加え地歩を確保せねばおかぬという空気が次第に濃厚になりつつあることが察知できたのであります。九月一八日のいわゆる満州事変の勃発したのはそれから一、二ヵ月のちのことでした。「とうとうやったな」と私は直感しました。

内田総裁と関東軍首脳との会談

満州事変勃発後の混乱に出先機関代表会談を強硬進言

満州事変が勃発した当初、関東軍は疾風のように軍事行動を進め、西に北に張学良軍を撃破して破竹の進撃をつづけました。わが政府は不拡大方針を打ちたて、局地解決をはかるようにあらゆる努力をつくしましたが、すでに戦争状態に突入している関東軍の勢いを阻止することは全く不可能でした。一方、現地にありましても、関東軍と外務省出先機関とは意見一致を見ないばかりか、感情的対立すらありました。満鉄にしても同様で、関東軍の要請により緊急事態に必要とする輸送上の協力はもちろんしておりましたようなものの、この重大事態に満鉄として、いかに対処するかという方針に至っては、全く五里霧中という状態でありました。いな内田満鉄総裁は外交界の長老であり、江口副総裁は幣原外務大臣と特別懇意であるという関係もあって、外務省の考え方に同調の傾向が強く、自然満鉄最高首脳の関東軍に対する見方は懐疑的でした。

関東軍、総領事館、満鉄という国の三代表機関の足並は揃わないで、バラバラのままこの未曾有の事態に直面したわけであります。しかもこの三者が真剣に協議することもなく、軍は独自の行動をとり、他はむしろこれを非難し、あるいはこれを阻止せんとの気配が濃厚であったことは、いよいよ相互間の溝を深め、険悪な空気すらかもしていたのみならず、日中関係を一層複雑混乱に陥らしめる危険があったのであります。こうした情勢にあった時、外務省首脳部と満鉄最高幹部との間に打合せが行われ、急いで内田、江口正副総裁が海路上京し、今後に対処する方針を協議することになりました。

私はその時、奉天にいて正副総裁の上京のことを知り、これはいけない、これをこのままにしておいたら問題をいよいよ紛糾せしめると思い、いそいで大連に帰り内田総裁と会いました。そして「事態はまことに重大で、この事件の処理を一歩誤ったならば、国家の命運にかかわるものと思います。しかも、この大事に処し、関東軍、領事館、満鉄の三機関が足並不一致のまま、十分意見を闘わし、情報を交換することもせず、殆んど連絡協調のないということは誠に深憂に堪えません。私は奉天にあって極力その調整につとめて来ましたが、微力にしておよびません。承れば、近く総裁は副総裁とともに上京せられるということですが、現地における三機関の対立抗争をこのままにして上京せられるのは危険なことであります。どうか上京を延期し、まず現地機関の融和、調整をはかられるようにしていただきたい。それが当面の急務と存じます」と進言しました。

内田総裁は「軍と外務省がはげしく争っているから、自分が上京し、その調停をやらねばならぬと考えているのだ。かつ一刻を争う緊急の問題であると思っているので延期するわけにはいかない」といわれました。私は重ねて「その調停をするためにも関東軍がどのような意図方針のもとに動いているのか、どう処理しようというのか、ということを親しく軍首脳部と話合う必要があります。その上、軍と外務省との間で、果してどのような調停案が可能であるか、大体の見通しをつけてから、腹案を持って上京するのが本当ではないでしょうか」と説得しました。

内田総裁もようやく納得し、予定を変更して奉天に至り、そこで関東軍首脳と会談し、海路上京する江口副総裁と下関で落合うことになったのであります。

私は内田総裁にしたがって奉天にゆき、関東軍幕僚を歴訪し、総裁と会って忌憚《きたん》ない意見の交換をするように斡旋しました。かくして内田総裁は三日間滞在、その間本庄軍司令官、三宅参謀長以下、板垣、石原両参謀、その他若手参謀とも個別に会談、また奉天総領事等とも熟議し、事態の認識を新たにし、ある種の見通しを得たようでありました。

当時、奉天には満鉄本社から木村鋭市、伍堂卓雄両理事が多数の社員を伴って駐在していましたが、満鉄としての基本方針が何等決定していなかったため、それらの人々の意見も、行動もバラバラで、統一を欠き、混乱状態にあったということができます。そこへちょうど総裁が来て、軍首脳とも懇談しましたので、よい機会と考えまして、時局に対処する方針につき訓示してもらうことといたしました。

内田総裁はこの訓示で「満鉄は関東軍と緊密な連絡をとり、積極的にこれに協力しなければならない」と強調しました。これは事変はじまって以来、満鉄総裁として初の公式発言で、それまでのモヤモヤした空気も、これによって一掃されました。

かくて内田総裁は私達と別れ、朝鮮経由上京の途につきました。下関で出会う約束になっていた江口副総裁は、天候不良に禍されて乗船の入港が遅れたので、総裁は副総裁を待たず、下関をたって京都に至り、元老西園寺公望公を訪問し、満州事変の経過、関東軍の意図方針、満鉄のとるべき態度などについて詳細説明しました。おくれて京都についた江口副総裁は、内田総裁から、奉天で関東軍首脳と、また京都で西園寺公と会談した内容を聞き、大連で二人が相談したときの意見を覆して関東軍の方針を支持し、京都に先行し、元老にまで報告したやり方をはなはだしく不満とし、ホテル内ではげしく論難したということです。

しかし、内田総裁としては、関東軍首脳と会って隔意のない意見を交換した結果、一つの信念が生れたので元老にも報告したような次第であるから、もう考え方を変えるわけにはまいりません。やがて東京で幣原外務大臣に会い、委細を報告し、満州問題を協議した際も、内田総裁は強く関東軍の意向を支持して、幣原外相をいたく驚かせ、かつ失望せしめたということです。しかし、現地の情勢は刻々に変化し、幣原外相らの考えとはおよそ反対の方向に発展、外務省も次第に関東軍に引きずられて、方針を転換して行ったのであります。

一方江口副総裁は、不満の感情をたかめ、大連帰任後、以前のように総裁と協調せず、軍の行動に対しても、これを牽制するような言辞をしばしば発しました。そのことが軍幕僚の耳に入ったから、小壮派の人々は憤慨し、副総裁を罷免すべしといきりたちました。国際関係も微妙な時でしたので、そのような手荒なこともできません。それからまもなく江口副総裁は貴族院議員に勅選せられ、八田嘉明氏が後任副総裁に任命されたのであります。

昭和７年（1931）、48 歳（後列左から４人目）、前列左は内田総裁、右は八田副総裁。

私はあとから満州事変当時、関東軍幕僚と組んで内田総裁を消極から積極的態度に、転向させたいわば張本人であるかのようにいわれたものです。しかしあの事変が起り、軍が血みどろになって戦っている超非常時に、満鉄総裁であり、また外交界の長老である内田伯が、二週間以上も大連を離れず、軍首脳と一回の会談も行わずに上京することは、国家のためによろしくないばかりか、満鉄自体のためにもならぬところであると信じ、あえて進言したわけであります。奉天で軍司令官はじめ各幕僚と個別会談のできるように斡旋しましたのも、自由に隔意のない意見の交換をした方が、総裁自身の考えをまとめるのにより効果があると考えたからで、私はいかなる会談にもわざと立会わなかったのであります。

のちに満鉄は全社員をあげて軍に協力しましたが、事変突発のころは、なにがなにやらわからず、前途の見通しをつけていたようなものは少なく、中には呆然としてなすことを知らぬものもあったほどです。それに活を入れ満鉄の進むべき道を明示したのが、奉天における内田総裁の訓示であったのであります。その意味からしても、内田総裁の奉天における軍首脳との会談は重大意義があったわけであります。

流産となった満鉄改組案

関東軍の変節軟化と小磯参謀長官舎深夜の激論

昭和七年の春ごろであったと思います。満鉄の組織、性格をかえるといういわゆる改組問題が起り、満州はもちろん、わが朝野の大きな問題になりました。

いうまでもなく満鉄は、そもそもロシアがシベリアから太平洋岸に進出、東方経略の拠点として軍事上、政治上の必要により敷設した鉄道であります。日露戦争の結果、全線の権利をロシアから割譲され、爾来わが対満経済活動の中枢機関となっていたのであります。その権限は、もちろん鉄道経営を主体としておりましたが、沿線付属地内に行政権も持っていたのであります。ところが、満州事変の進展に伴い満州の事態が急変して満州国が成立し、わが国と特殊関係が生れ、友好同盟国として親善提携を強化してゆこうという時、満鉄のあり方が従来のままでいいかということが問題となり、適当に改組すべきではないかということになったのであります。

このことは関東軍内で極秘裡に研究せられていたものでありますが、どうしたことか一部内容が漏れ、東京朝日新聞に大きく報道されて俄然センセーションをまきおこしたのであります。満鉄は国策会社とはいいながら、株式会社ですから直ちに株価に大きな影響を蒙り、満鉄の事業経営上必要な資金の調達が困難となり、金融上非常に支障を来しました。その上、関東軍と陸軍中央部との間に意見の対立があって、二つの満鉄改組案が出来、満鉄当局は違った二つの改組案の双方に賛成せられるというような悲劇もあって、混乱はその極に達し、大変迷惑いたしました。

そこで満鉄自体としても真剣にこの問題と取組まなくてはならない差し迫った局面に突当りました。それから間もなく満鉄本社内に委員会が設けられ、改組問題の善後策を考究することになりました。委員には河本大作、山崎元幹両君と私の三人が選ばれました。当時私は満州国の経済開発を研究する目的で新設された満鉄経済調査会を預っておりましたので、善後策立案の中心となりました。そしていろいろの角度から研究した結果、最後的結論として、（一）満鉄を改組して国策会社の性格を廃止し、単純なる鉄道会社、炭鉱会社というようにわけ、それぞれの職域を担当する民間の普通会社とする（二）その代り日満両国間に条約を締結して日満経済会議というものを組織し、日満両国から三人ずつの委員を選任し、議長は一年毎に両国委員が交代、日満両国に関する重大な経済問題は全部この会議で協議決定し、両国ともにこの決定に拘束せられることにしようという案ができたのであります。

河本大作

そのころ日満両国間に共同防衛条約が成立していました。国防の共同ということは必然的に外交の共同ということになる。したがって日満経済会議をおこし、日満両国に関係する重要な経済政策を共同立案するようになれば、両国の連盟関係がここに確立します。これを拡大することによって、やがて石原将軍の提唱にかかる東亜連盟の理想が実現することになるでしょう。わが対満政策は独り日満両国間の将来を規制するものであるのみでなく、対アジア政策の基調をなすものとの観点に立って考えなければならぬというのが、委員会の基本方針でありました。

私らはこの原案を関東軍に持参し、その同意を求めました。軍では小磯参謀長以下全参謀を召集して幕僚全体会議を開き、原案について逐条審議した後、一同異議なく同意しました。その結果、私らは満鉄部内をとりまとめる責任を負い、関東軍は満州国および日本政府の承認を得る責任を負うということになりました。私らはいそいで大連に帰任、重役会にこの案をかけましたが、議論百出容易に決定いたしません。満鉄を解体し、鉄道、炭鉱というようなバラバラの会社組織に改めるなどということはもっての外だという意見が支配的でした。

さらに権限問題にまでおよび、善後委員は単に善後策を研究立案する委員であったはずであるにもかかわらず、直接関東軍と折衝までしたことは越権じゃないかという論まで飛び出しました。やむなく数日の冷却期間をおいて検討することとしました。次の重役会で大した異論も出ず、スラスラと承認せられました。一方関東軍の責任である日満両国政府の承認を得ることは予想以上に困難でした。求められるままに私らも上京、協力いたしました。政府の諒解しない点は沢山ありましたが、その主なるものは（一）条約によって日満経済会議を設立し、これに政府を拘束する議決権を与えることは前例がない（二）満鉄は明治天皇のご遺業で、それをバラバラにすることは許されない、ということでありました。

関東軍は日本政府の反対にもろくも軟化し、満鉄案に賛成しておきながら、日満経済会議を関東軍司令官の諮問機関とするに止め、満鉄の組織もそのままにして関東軍司令官が依然満鉄を指揮統轄するという案に変節改編したのであります。これでは満州国は日本の衛星国となり、満州事変の意義も根本的に歪曲せられることとなります。まるで私らを二階にあげて梯子をとり外してしまったようなものでありません。満鉄側は断乎反対し、幾度か会議を開いて議論しましたが、なかなかまとまりません。小磯参謀長官舎における夜半に及ぶ会議を最後としてこの案も流産いたしました。

ことここに至るまでには、いろいろのエピソードがありました。元来、改組案には満鉄をあげて反対だったのですが、関東軍が強硬でしたし、満鉄の資金調達も困難になって来ましたので、禍を転じて福とする以外に方法がないとして努力したわけでした。ですから社内は動揺、社員会は反対の気勢をあげ、私らが上京すれば、そのあとから代表が来て日本の朝野に陳情するという有様で、私らはホトホト当惑しました。

また在京中、外交協会から改組問題について説明するように要望されました。この会は外交界、軍、政界の長老多数を会員にもつ有力な民間団体でしたので、進んで詳しく経過をのべました。しかし、出席者の圧倒的多数の意見は反対でした。その主なる理由は、満鉄をバラバラにすればいよいよ弱体化し、軍部の意のままになって、対満政策が支離滅裂になる恐れがある。満鉄は十万の生命と二十億の国費を犠牲としてかち得た日露戦争唯一の財産であり、明治大帝の遺業である。これをバラバラに解体することはもっての外だというのです。また改組を必要とすれば、政府がやるべきで、満鉄自ら提案するのは越権であるとの非難もかなりありました。

私は「満州国が独立した以上、従来のままで満鉄が存在することは、友好関係に支障を来します。時代が変ったのですから、それに対応して善処すべきだと思います。また私たちは満鉄経営の大任を仰せつかっているのですから、経営方針変更の必要を認めた場合には、これを研究し、公正と思う案を作成して政府に具陳《ぐちん》する義務があると信じておりますし、無為にすごしていればそれこそ曠職《こうしょく》のそしりを免れないと考えます」と答えました。

さらに大連に帰任しますと、社員会有志会合の席でこの問題についての質疑応答がありました。社員会の大勢は終始反対で、いかに説明しても納得してくれません。終いに「これだけいってもわかってくれないなら申しますが、諸君のとるべき道は三つある。一は我々を信頼し、重役の決定にしたがって行動すること、二はどうしても信頼できないならば、そんな信頼できないような重役を追放すべきだ、三は信頼も追放もできないならば、諸君自ら身を引き職を去るべきだ」とまでいいましたが、やがて流産によってこれらの騒動も鎮静しました。そして私の在任中はそのままでした。のち松岡総裁時代、日満経済共同委員会が関東軍司令官の諮問機関として組織され、満鉄の組織内容も変りましたが、私らの意図したものとはちがった形のものでした。

感慨深い周作民氏との因縁

国境を越えて協力してくれた理解・熱情・太っ腹の人

私はかねてから大陸問題について重大な関心を持っておりましたが、たまたま昭和五年満鉄理事として満州に赴任したことが縁となり、爾来中国にも直接の関係を持つようになりました。それがため満州はもとよりのこと、中国の各地をもあまねく旅行する機会に恵まれました。さすがは大国で寒帯に近いところもあれば、亜熱帯もあり、湿地帯もあれば、砂漠地帯もあるというように、地勢的に変化の多い国ですし、漢・満・蒙・回・蔵五族のほかに数十種の少数民族をあわせ世界第一の人口を持っています。かつ歴史の古さ、長い文明の深さ等々、他にその類を見ることができません。したがって中国の事物を観察し、中国の人物を批判するに当って、通常の尺度をもってしては到底測ることができないということがしばしばでてまいります。私は中国の政治家、軍人、経済人、文化関係者等々多数の人と交際しました。そしてしみじみと中国人には奥行がある、幅がある、つきあえばつきあうほど味がでてくると感心しました。よく中国人は嘘つきだ、あてにならぬなどといわれたものです。もちろん、そのようなものも沢山いるでしょうが、少なくとも私の懇意にしていた中国人は、いずれもそういう批評とは丸で違った立派な人達のみで、その友情に厚いことは驚くほどでした。

もう二十年以上も前のことですが、満鉄を辞めてから、興中公司という株式会社を作りました。日華両国が提携して中国の経済建設をはかる目的の株式会社でありました。資本金一千万円、四分の一払込、満鉄の全額出資です。なにしろ理想は大きいのですが、それだけに少しばかりの資金では足りません。大勢の社員をかかえ、忽ち必要な経費の支出にも事欠くというような苦労をしたものです。それに事業の性質上、確実な見通しもつけられませんので、日本の銀行筋ではどこでも融資してくれません。まことになさけないことですが、全株所有の満鉄が第一保証してくれないので、無理もないことであったわけです。といって、そのまま投げてしまうわけにはまいりません。

この最大難関をどうして切抜けようかと悩んでいたとき、思わぬところから救いの神が現われました。金城銀行の頭取周作民氏であります。周氏は江蘇省准安県の生れで、上海南洋大学を出てから、わが国に留学、京都帝大を卒業、辛亥革命ののち帰国、南京政府財政部に入り、庫蔵司長を最後に官界を去って銀行界で活動、民国六年以来金城銀行総経理として経済界に大きな存在となっております。

温厚篤実という文字そのままの人格者、また高邁な識見の持ち主で、周氏の関係で銀行は次第に発展して中国内で一番預金の多い銀行となりました。対日関係についても、周氏は極めて冷静公平で、日本とも大局的に協力しようという熱情的な親日家でした。私は初対面の時から呼吸があったともいうのでしょうか、親しい旧知のような印象を得ましたが、周氏も非常によろこばれ、段々と親しさ、友情をましていきました。そこで、一日よもやまの話から資金難のことを申しましたところ「中国の開発発展のために必要とする資金じゃありませんか、中国のために金城銀行がよろこんで融通します。ご心配無用です」といわれた時、私は胸が一杯になりました。異国に真の知己を得たうれしさに二度も三度も周氏の手を握って感謝の意を表しました。興中公司の危機は周氏の友情、太っ腹によってきれいに解消し得たのであります。

昭和十二年七月、盧溝橋事変勃発の日、私はたまたま北京に滞在中でした。日中両軍の交戦以来北京はかつてない不穏の空気におおわれ、市内には凄惨な気が漲っていました。これは容易ならぬことだ、なんとかしなくてはならぬと思っていたところ、日本大使館首席書記官加藤伝次郎氏から、特別の協力を懇請され、宿舎の扶桑館から大使館邸に居を移し、局地解決のため連日連夜努力を傾注しました。その時、大使館には工作費などはありません。金がなければどうにもならぬようなこと

周作民

が次から次へと出て来ます。東京参謀本部から来た軍人に大切な瀬戸際だから政治資金によって平和への道を開こうじゃないか、それに必要な一個師団一ヵ月の滞在費を出してもらいたい、それが無理なら半月分でもよろしいからと頼みましたが、遂に断られ、途方に暮れたあげく、周氏を訪ねて実情を訴え、とくと相談しましたところ「戦争になったら、両国にとってこの上もない不幸です。なんとしても早急に事態を収拾してほしい。そのために入用の資金は私のところから出しましょう」と快諾されました。その金をうけとるため北条秀一君（現衆議院議員）が数日間周氏のところへ通いました。というのは、五円券、十円券が主で、大きくても百円券どまり、それが二、三百万となると量的にも大変です。空のトランクをさげてゆき、ぎっしり札をつめこんで、こっそり運びつづけた北条君の苦労も大抵ではありませんでした。しかし、必死の努力が功を奏し、ともかく現地の和平交渉が成功し、私達も安堵しました。まず停戦協定が成立し、ついで善後協定の調印もできたので、その都度東京本省へは電報で報告しました。まあまあよかったと一同胸をなでおろし、戦線に出ていた部隊を迎えて大使館に帰って見ると、これはまたどうしたことか、三個師団の増員出兵という東京政府からの電報で、事変は拡大の方向へ前進、現地の軍や大使館の懸命の努力も水泡に帰しました。のち東京へ帰り、近衛首相に会い、政府の不拡大方針に則り、われわれは現地で、停戦協定、善後協定を非常に苦労して成立させ、逐一報告したにもかかわらず、これを一切無視して、三個師団の派兵を決めたことは、どういう理由によるものか、理解し得ないと質問しました。ところが、首相は「そんな事情はなにも知らない。電報も見なかった」という返事です。杉山陸相も同様知らなかったということでした。

周氏についてては、またこんなことがあります。ある中国実業家が私に周氏へ融資の口添えをしてくれというのです。外人の私に頼むのは筋がちがいやしないかといいましたら、信用がもとだからどうしても話してほしいといってききません。二百万円という希望をそのままいって減らされては気の毒と思い、五百万円融資をたのみましたらすぐ引きうけてくれました。あとで知ったものですが、五百万円どころか二千万円も借りたそうで、話を倍にして話した私自身内心恥入りました。この実業家はこれで大いにもうけました。そしてお礼だといって私に二百万円持ってきました。もとよりもらう筋のものではありません。はっきり断りました。しかし当時為替管理のため中国へ旅行するのにただの二百円しか持つことができません。旅行禁止に等しい措置でしたが、私が旅行の際、中国で必要とする旅費を出してもらうということで、この実業家のお礼問題は解決しました。おかげで戦争中、中国へ度々参りましたが、金の面で不自由したことは一度もありませんでした。

周氏との関係を話せばきりがありません。ただ中国人の性格の一面をうかがうによい実例だと思って紹介したわけです。中共政府になってから周氏は香港に亡命していました。銀行の事業と多数の部下は、そのまま中共に残っていましたが、それらの人々から、中共に帰ってもらいたい、そうでないと虐待されてたまらない、という手紙がぞくぞくまいりました。これは共産党の慣用手段だから、のってはいけない、と香港在住の友人達が懸命にとめたのですが、周氏は部下を見殺しにするわけにはゆかぬといって、昭和二十九年遂に大陸に帰りました。はたせるかな、当初はチヤホヤと歓迎するかに見えましたが、その中、かつて自分の銀行で小使をしていたものから訴えられ、さんざんつるしあげられたのち、人民裁判にもかけられたそうですが、やはりその人柄、手腕を当局から認められ、昭和三十年の春、上海で病死するまで金城銀行の総経理をしていました。私は訃を知って断金の友を失った寂寥感を覚え、多年わが国のために真情を寄せてくれた恩義を感謝し、とりわけ厚誼をうけた興中会として追悼慰霊祭を催すこととし、三十年五月二十日上野林光院に興中会の人々ならびに周氏縁りの方々を迎えて供養しました。ところが思いもよらず、この日私が国鉄総裁に任命せられたのです。いつまでも周作民氏とつきぬ縁があるような気がしてなりませんでした。

中国鉄道の国有民営を建言

満州国問題解決の一方法に耳傾けた黄郛・王克敏両氏

満州事変はやがて上海に飛火し、日本陸戦隊と十九路軍の衝突からわが陸軍の出動となって上海事変となりました。戦闘は百日近くで停戦協定にこぎつけましたが、上海の閘北《こうほく》地区は爆撃のため無惨な破壊状態になり、中国人多数が路頭に迷いました。この地区には広東、広西の出身者が多数住んでおりましたので、西南中国の排日は輪をかけてはげしくなりました。その真只中の広東に派遣されたのが陸軍の駐在武官和知鷹二中佐でした。初の駐在武官としての任務遂行にも一方ならぬ苦労をしたようですが、かれは夫人と力を協《あわ》せ中日関係改善のための一家挙《こぞ》って不屈の努力と熱情を傾けて要路の政治家達と交り、軍人連を説得し、あの猛烈な排日熱を対日接近の気分にまで百八十度の転換をなさしめた成果は真に賞讃に値します。その和知中佐から一度来てほしいと再三の依頼がありました。また関東軍からも、対満政策をたてるためには、どうしても中国の現実から離れるわけにはゆかぬ。漢民族は一体であるから対中国政策とにらみあわせないで対満州政策はたてることはできない。どうしても綜合的見地から考うべきものであるから、中国の実勢を視察して来てほしいとの希望がありました。そこで昭和九年春、北平《ほくへい》、天津、済南、上海、南京、香港、広東等を一巡しました。

北平には華北整理政務委員会があり、黄郛《こうふ》氏が委員長でした。黄郛氏は革命の大先輩で、昔、陳其美《ちんきび》の下で蔣介石氏とともに幕僚でありましたが、爾来蔣氏は黄氏を兄分として敬し、莫干山に隠棲中の黄氏に華北の危機を救うために出廬《しゅつろ》してもらったという関係もあって、蔣氏に対し最も発言権のあった実力者でありました。北平で黄委員長に敬意を表しました時に、「隣国友邦の友人としてなにか自分に注意してもらえないか」ということでしたので、私は大要次のようなことを申しました。

中国は地大物博でありながら、交通通信機関が極めておくれています。これは長い間地方に覇を称える軍閥があって、統一の妨げをしていたためでもありましょう。また交通機関が不完全で、経済が分断され、統一された国民経済の結成ができなかったことが原因となって、軍閥割拠の結果を来したともいえましょう。私達は友邦中国が政治的、経済的に統一して成長発展せられんことを心から希望しておりますが、それにはなによりも交通機関の整備拡充が緊要であると信じます。現在中国の鉄道は、日本と同様国有国営でありますが、国有国営で成功しているのは世界中日本だけです。日本は特殊の国体であるから成功し得たのであって、中国がこれと同じ経営形体を採ることは誤りではないでしょうか。世界の大勢は国営から民営に移りつつあります。そこで私は中国としては世界のベスト・システムを採用、これを世界のベスト・メンに任せられることが良策かと存じます。現にヨーロッパでは鉄道は国有民営というようになりつつありますので、これが世界のベスト・システムと見ることができましょう。また革命後、ソ連が最重要な祖国再建の国策として取上げた第一次五ヵ年計画樹立に当り、日本から鉄道経営の専門家を招聘しました。ソ連は日本を仮想敵国と見ていたでしょうが、それでいて日本の専門家を迎えたのですから、日本人が鉄道経営について世界のベスト・メンといっても過言ではないでしょう。

このことを成る程と考えられ、そして私どもに鉄道の立直しをやって見ろといわれるならば、よろこんでお手伝いをいたしたい。私どもとしては、かりに中国の鉄

黄郛

道経営を手伝うにしても、それは隣邦との親交を深めるためであって、政治的野心や、経済的欲望によるものではありません。したがって、何時でも中国人が自ら経営したいという時には、直ちに無条件で引きさがります。またもし私どもにお任せになるなら、満州国の鉄道中、奉天、山海関の鉄道をこの中国鉄道経営のために設けられる会社に委任経営させてもらうよう満州国、関東軍に交渉いたしましょう。幸いにしてそういう話合いができ、中国の鉄道経営をする中国の会社が満州国の奉天、山海関間の鉄道経営の委託をうけるようになれば、塘沽《たんくー》協定に付随して日本との間の厄介な交渉条件となっている通車問題が、中国の面目を傷つけることなく事実上解決できるのではないかと考えられます。両国が地理的、歴史的に深い関係があるにかかわらず、今日の悲境にあることを遺憾に思い、なんとかして両国関係をうるわしい、あたたかい、親密なものにしたいとの念願から考えたことであります。

以上、私の意見を黄郛氏はイエスとも、ノーともいわず、黙って終始よく聞いてくれました。もとより私も黄氏からの求めに応じ、友人として、誠意をもって私見をのべただけでありますので、堅く握手して会談を終わり、予定の旅行計画にしたがって北平を去り、天津に向いました。ところが、黄氏の片腕であり、北支における鉄道全般の責任者である北寧鉄路局長殷同氏が北平から天津まで同車して送ってくれました。黄氏の指示があったかどうかはわかりませんが、車中話題は専らこのことが中心となり、種々の角度から研究し、細部のことまで話合いました。

私が済南から南京、上海に至り、香港にたとうとしていましたら、黄氏から電報が来ました。それによりますと、近く南京にゆくつもりで南京では蔣主席と会うが、その以前に私ともう一度会って話したいから、旅行の予定もあろうけれども、なんとか予定を延期して待ってほしいということでした。もちろん私はよろこんで待つことにしました。ところが不幸にして黄氏が病気となり、南下するのが大分おくれると思うので、自分の代りに王克敏氏をやるから、腹蔵なく懇談してほしいという

王克敏

鄭重な電報が来ました。王氏は一流の財政家であり、かつ見識のある政治家です。私は数回上海で会談、黄氏に進言したことをさらに敷衍し、この際一つの試みとして実現させて見ないかと話しました。王氏は実によく理解してくれました。満州の懸案解決における妙案であるともいいました。黄氏は遠からず南京に帰って来ますから、あなたとの談話内容を詳しく話し、蔣主席に進言してもらうようにしましょうといい、蔣主席は黄氏の意見を常に尊重し、大概のことは賛成しますから、この問題も恐らく解決へと進むでしょうが、日本側、満州側の同意が得られなければ成立しないと考えますから、一日も早くその承認が得られるように用意をしてほしいと何度もくり返していいました。その熱心さから、私は十分に王氏や黄氏の意中を推察することができました。

丁度その時、私は観桜のため御苑にお召しをうけておりました。まだ香港方面の旅行が残っておりましたが、黄氏との会談における私見の開陳から事態が俄かに変って参りましたし、それはわが国にとり、満州国にとって重大な問題でもありましたので、お召しにかくれてことを秘密にし、旅程をかえて東京へ帰って来ました。そして所用のため、たまたま東京に出て来ていた関東軍参謀副長の岡村寧次少将（のちの大将、総軍司令官）と会見、黄氏ならびに王氏との会談内容を話しました。

すると、これはまことに大きな問題であるが、それだけに関東軍や、満鉄当事者をさしおいて東京の政府当局と話し、万一誤解でも招くと紛糾を起すおそれがあるから、現地の諒解を得ることが先決であるとし、岡村参謀副長は関東軍に帰り、私も大連の満鉄本社に帰任しました。そして互いにこの問題についての検討をいたし、幾度か会議も開きました。

こうしておった時、黄郛氏の病が俄かに革《あらたま》って死去の報に接したことは返す返すも残念でした。このよき理解者、実力者の援助がなければ、このような大きな問題は到底実現の可能性は全くありませんでした。すべては水泡に帰してしまったわけで、私としてもこの秋、この案が実行の緒についていたら、両国関係はどう変っていたかわからないと惜しまれてなりません。

華南開発の日中合弁銀行案

高橋是清蔵相の反対にあい誕生寸前に流れる

満州国の国内整備建設は容易ならぬ難事業でしたが、満州の治安を確保し、よりよき国にするためには、どうしても中国との関係を調整していかなければなりませんでした。漢民族一体の紐帯は極めて強固である。中国から分離したといっても、中国を袖にして満州国だけを育成強化するということほど馬鹿げたことはない。満州国は中国と隆替消長を共にする。これを分つことはできない。対満政策は同時に対中国政策だと思います。それゆえに満州国を発展せしむるためにも中国を知り、中国との親善提携の関係を深め、中国の世論を緩和するようにつとめる必要がありました。そうしたことを日頃関東軍に進言していたところ、関東軍は私に対して中国を視察するよう強く希望して参りました。同時に広東に駐在し、西南の各将領と緊密な連絡をとっていた和知鷹二中佐（のちの中将）からも度々要請がありましたので、華北から始めて青島、南京、上海をへて広東まで参ることになりました。北京、天津を経て青島につきますとそこに花谷中佐と和知中佐が待ちうけておりまして、広東に行ったら省長陳済棠将軍の要望をいれて三百万円、また広西の李宗仁将軍の懇請に対して三百万円を満鉄から借款の形で融通してやってほしいとともどもにいいました。いきなりそのようなことをいわれても返事のしようもありません。まず広東、広西の現地に行って、親しく実情を見、それらの人々と会ってよく懇談した上でなければ、是非の見解をのべるわけにもゆきません。しかし予備知識としては、両中佐から西南中国の情勢を詳しく聞き、非常に参考になりました。かくて香港に向いました。

香港では国民党の元老である胡漢民氏をはじめ李宗仁、陳済棠、鄒魯氏等としばしば懇談する機会を得ました。広東について驚いたことは排日の風潮が予想以上に熾烈であったことであります。もちろん、華北をふりだしにどこを歩いても排日の空気は強い。しかし、それはいわば底流であって、表立っての激しさは見られませんでした。ところが、広東は別でした。街の辻々には、日本人を見たら刺し殺せといわんばかりの宣伝ビラが一面に貼りつけられていました。街で出会う人々の顔つきもなんとなく険悪でした。早速日本総領事館を訪問、総領事に会い、折角広東に来た機会を利用し、できるだけ多くの中国側要人と面会し、意見の交換をしたいから、斡旋紹介の労をとってもらいたいと希望しましたところ、総領事は、なにしろ排日空気が強く対日感情がよくないので、紹介しても会ってくれるかどうかわかりませんといって、いやに消極的でした。

しかし、その程度のことは覚悟の前でしたので、広東語を話せる通訳をかり、まず広東市政府に劉紀文市長を訪ねましたら、快く会ってくれたばかりでなく、話が進むにしたがって意外に思うほど打ちとけ、忌憚のない話ができました。席上、満州事変によって伝統的親善関係にあった両国が最悪の状態になったことに遺憾の意を表し、私達は自らの誤りを反省もし、また修正もしたいから、十分に話合う機会を与えていただき、ともに平和回復への道を研究努力したいと前提し、具体的な一案を提議しました。それは銀行為替の取扱方に関する改善案でした。当時排日のため日中両国の銀行相互間に為替取引がなかったので、第三国銀行の仲介によって取引が行われ、そのため倍の手数料を払っていました。

それはいかにも馬鹿げた話じゃないですかと申しましたところ、翌日忽ち中国側銀行から直接日本側銀行との取引開始の申込がありました。このことに勇気を得た私は李、陳両氏らから各三百万円ずつの借款申入がありましたが、私はキッパリこれを拒絶しました。日本は従来中国にしばしば借款供与をした。これら借款の元利返済が滞り勝ちになっているのは、もちろん大したことではありませんが、この借款が排日の材料となって、日中両国の歴史的、地理的親善関係を破壊していること

李宗仁

は、我々としては忍び難い苦痛である。したがって、借款問題はお断りしたい。しかし、そんなに資金が必要なら何故目の前にころがっている金儲けをしないのですか、というのが私の両氏への返答でした。

広東の貿易を見ると輸出が一億元、輸入が二億元、その輸入の二百分の一が日本品ということになっているが、事実は全部が日本品である。排日のため一応香港に輸入された上、レッテルをイギリス製に替えて広東に入ってくる。香港に入って来たときに一億元のものがレッテルをはりかえたためにたちまち二億元になってしまうのです。普通のコンミッションならともかく、こんな法外なコンミッションを払うのは馬鹿げすぎています。日中両国間の不和、排日のために何故英国人に毎年一億の税金を払わなければならぬのか、理解に苦しむところです。この差損をないようにすれば、一年一億元の利益を得る勘定となります。借款は過去失敗の歴史ばかりで、排日の種となっているのでこりています。

北辺僻陬《へきすう》の満州問題で排日に熱狂して第三国人を不当に儲けさせるよりか、日中両国相協力して東南亜の新天地を開拓してはどうですか。南方には君達の同胞が一千万人もいるはずです。日本の技術や組織力で援助すればその発展は期して待つべきものがあるはずではないですか。また西南中国には稀有金属の資源が沢山あります。日中両国民が協力して、これらの資源開発をして西南中国の発展を促進することとしてはどうですか、という私見を率直に話しました。

李宗仁、陳済棠、胡漢民氏らは傾聴しました。そして非常によろこんで、具体的にどうすればよいか、考えてほしいということになりました。そこで広東に約一億元の両国出資による台弁銀行を作り、西南諸省の官全公金の取扱銀行とし、東南亜在住華僑の為替をこれに集中し、この銀行が金融をして西南中国の資源開発、進んで東南アジアの貿易振興に寄与しよう、ということで意見の一致を見たのでありま す。中国側出資は南方華僑にうけもたせ、華僑からの送金を扱えば、この銀行の基礎はさらに強化せられるという考え方でした。そこで私は駐在武官を通じて日本政府の承認を求めましたところ、諒承を得ましたので、細目にわたる成案を協議しました。当時香港政庁が私の行動に疑惑を抱き監視していることがわかりましたので、参事会員の中国人に事情を話しますと、香港参事会にいる三人の中国人が、適当に処理するから心配ないと自信をもっていわれましたし、また大変協力的でもあったので、折衝も順調に進んだわけです。

私は合弁銀行案を持って帰国し、政府ならびに軍部に経過報告をしました。ところが、首相の岡田大将が特によろこび、従来わが国では陸軍の北進論に対し、海軍は南進論を唱えて来たものの、ただ南進論をいうだけであって、具体的にどういうことをするという政策がないので、徒らに諸外国から疑惑の眼をもって見られていたけれども、この計画は具体的で、両国のためになる公正なものだということが、誰から見てもよくわかるという点でありがたい、是非ともこの案を実現させたいといって閣議にはかりました。意外にもこの案は高橋蔵相の強い反対によって結局流れてしまいました。岡田首相は、蔵相に説得これつとめたようすですが、駄目でした。この案が流産すると間もなくイギリスからリースロス氏が中国に派遣されまして中国の金融財政問題について協議がつづけられ、やがて中国幣制史上画期的大改革が断行されました。わが国はイギリスの対華財政援助についての見通しを誤り、むしろこれに反対の態度をとっておりましたので、中国との関係においても、イギリスとの関係においても、面白くない結果を招来するようになりました。惜しいチャンスを失ったと思いました。

高橋蔵相は、この案にはあくまで反対されましたが、中国における日本人の非合法活動はどこまでもおさえ、中国官民の納得のゆくような日中両国の経済関係を樹立する必要がある。そのために中国全土にわたってあらゆる経済活動ができるような機関を作らなければならないと考えられました。かつこのことは早急に具体化されなければいけないから、国策会社として国家が出資したり、民間会社として民間に出資を求めるというやり方をさけ、満鉄に全額を出資させて新会社を作るがよいという意見でした。その結果、政府と満鉄当局との間に話が進められ、株式会社興中公司設立の原則が決まり、高橋蔵相からその経営を引受けるようにと勧められました。しかし、ハイといって簡単に引受けるわけには参りません。会社自体にも、私自身にも複雑かつ困難な事情もありましたので、迂余曲折の数ヵ月を経、結局社長に就任するようになりました。

興中公司発足までの裏話

松岡満鉄総裁から一札とって社長就任を承諾

私が大陸の経済開発を目的とする興中公司の社長を引受けるまでの経緯には、まことに複雑なものがありました。真先にその社長になれといわれたのは岡田啓介大将が総理大臣であった内閣の高橋是清蔵相でしたが、私としては、広東で日中合弁銀行設立を中国人と約束し、政府から承認を得ていながらそれを果すこともできずに、そちらにのりかえるわけにゆきませんので、固辞せざるを得なかったのでした。ところが懇意な軍関係の友人達は、興中公司の経営をやりながら、時期を見て右の計画の実現をはかることが却って初志を貫徹するに便利ではないかと受諾をすすめます。大変熱心ではありましたが、だからといって無条件で承諾することはできません。というのは満州で軍関係のむずかしさを十二分に体験しておりますので、はじめに納得のゆく約束をとりつけておく必要を充分感じていたからであります。そこで私は二つの条件を文書に認め、陸軍省と参謀本部の幹部に提示し、この条件を承認してくれるならばお引受けしようと申しました。

その条件の一は米英と協力すること、その二は事業内容に軍は干渉しないということでした。そのころ軍は打倒米英を提唱し、大陸においても盛んにその運動を展開していましたが、中国における米英の経済基盤は歴史も古く、根も深い。それを排撃し、微力なわが国だけの力では中国の資源開発や、経済発展をはかることは無謀に近いし、むしろ米英の協力を得る方が効果的であり、中国のためにも、日本のためにもよいと考えたからであります。また満州国ができてから、あらゆる事業に対する軍の干渉が、一種の慣例になっておりまして、私自ら苦い経験をなめてもおりますので、軍の意向は尊重しますようなものの会社経営については一任してもらわなければ責任が持てません。その保証が必要であったのです。とはいうものの軍が支配的な実力を持っている大陸において、こんな条件を出すこと自体極めて大胆無謀といわれるような当時の実情でした。陸軍省と参謀本部の幹部およそ三十余名が集まって相談した席上では、この条件に不同意で強く反対したものもあったようですが、結局多数の支持を得、私にやらせようということになりました。こうなれば断る口実がありません。私は軍の首脳に内諾の意を伝えました。

けれども、公司の全株は満鉄が所有し、全資金を満鉄が提供する以上、満鉄総裁の意志を無視して軍だけで決めるわけにはまいりません。そこで軍は松岡満鉄総裁に私を社長にするようにと推薦しました。しかし、満鉄からはなんの音沙汰もない。その間軍からは数回電報で督促したらしく、およそ半年もすぎた昭和十年九月頃、松岡総裁から、興中公司の件について話したいから大連までご足労を願いたいと電報して来ました。総裁の人柄、気持をよく知っている私は電報を受けたからといっても行く気がない。直ちに断りました。するとつづけて総裁から是非来てほしいと電報が来る。一方軍からもまげて行ってほしいと説かれましたので、それ以上断るわけにもゆかず、大連に参りました。

松岡総裁は私にすぐ会いたいといいましたが、二人だけの対談はいやでしたので、立会人を希望し、関東軍から板垣参謀長、花谷参謀、満鉄から河本、山崎両理事が参加、ようやく会見の段取りとなりました。総裁はいきなり「自分は二十六歳から三十余年間国際関係殊に中国問題を主として研究して来たが、今日まで日中両国親善提携の方策を見出すことができない。これをなし得るものは広田弘毅か十河信二の他にない。そこでこの際興中公司の経営を引受けてもらいたいのだ」といいました。私は、「あなたのようなベテランが三十余年にわたって努力し、しかもなお適当な方策を見出し得ないようなそんなむずかしいことを私ごとき中国問題ではかけだしの後輩がどうしてなし得ましょうか。私は己れの力を知っておりますからご辞退申します」と答えました。「君が辞退するならば誰か他に適当な人を推薦してほしい」「推薦せよといわれてもそのような人物を知りませんし、私自身推薦する地位にもありませんので、それは無理でしょう」これじゃ話にならない。立会のものはたまりかねてか、「そういわず引受けてほしい」と口を添えます。そこで私は、「では総裁のやりたいというお考えを聞かせてください。それが私の意見と一致し、また私の力でやれることならお受けします」と申しますと、「自分にはわからないのだ。だからこうしてほしいという意見がない。ただ自分は満鉄総裁として中国の経済開発には少なくとも五年間十億円の金がいると考えているが、それは自分が調達する覚悟でいる。資金の点は一切迷惑をかけないから仕事だけやってもらいたいとお願いする次第だ」といい、さらに、「君については各方面から非難攻撃の手紙が来ているが、自分はこんな中傷に耳をかさない。君以外にこの仕事をやり得る人物はないと思うからだ。だから是非うけてくれ」という。

「私は他人からほめられるような人間じゃありません。誰がなんといってきているか存じませんが、私についての悪口は全部事実だと私自身裏書いたします。その上、この会社を引受ければ、さらにはげしく非難するものがつぎつぎと出てくるでしょう。そんな人間を用うる必要はないじゃありませんか。あなたは他に適当の人をお持ちと信じますから辞退します」と思いきっていいました。ところ、立会の人々もこの行詰った空気を見てとったのでしょう「きょうはこの程度で一晩考えるようにして」と会談を打ちきりました。

その夜、星ケ浦で板垣参謀長らと会食しました。席上、一同がいうことには「流石の松岡もきょうは参っていたよ、もうあれだけやればいいじゃないか、我々が松岡から一札とるから、そうしたら引受けてくれ」と。そして翌日、興中公司の必要とする資金として約十億円を満鉄が調達提供する、事業経営は社長に一任し、満鉄は干渉しない、満鉄の理事以下職員施設等にして必要のものあらば自由に使用してよろしい、という松岡総裁の覚書を出されました。私はそれでもなお総裁のいうところを信じかねましたが、こうなればうけるのが本当でしょう。かくて興中公司社長になったのであります。そういう次第で興中公司が成立いたしましたのが、昭和十年十二月二十日でした。

あけて十一年一月興中公司社長として初の中国入りをして、天津常盤ホテルに滞在中、手持資料を基礎にして公司の事業計画大綱を立案、たまたま出張中の松岡総裁とハルピンで会見、大綱案を提示しましたところ、「これだけやってくれれば会社設立の目的は十分達成される。ただ塘沽の築港だけは巨額の資金がかかるから、しばらく待って調査費計上だけに止めてほしい。日本内地の資本家が躊躇するといけないから」というので諒承しました。その計画の需要資金は二億円から三億円の間だったように思います。しかし、築港計画は孫文の建設計画中の主要事業の一つでもあり、経済開発の根本であって、奥地の資源開発をしてもよい港がなければ意味をなさない。資本家が躊躇するという理由もわからぬではありませんが、五年間十億かけてとまでいっていた松岡総裁の口から待てといわれたのは意外でした。社長になって、またすぐ争うのもどうかと思ったので一応諒承しましたが、調査費は思いきって計上しました。また調査費で築港工事に着手して出来上ったのが今の塘沽港であります。総裁と会ってから新京（長春）で関東軍の諒解を得、また満鉄重役会でも説明してほしいといわれたので、大連にいき、重役会に出席しました。

その会合で計画についての説明をしましたところ、数字が大きすぎるとか、小さすぎるとか、いろいろの意見が出てなかなか要領を得ません。もとより計画案は私一人の手で、旅中ホテルで一夜漬をして作成したもの、計数の基礎も大ざっぱなものです。その数字については素より正確を期するわけにはまいりません。したがって議論にはなりません。そんなことはそもそも枝葉末節のことであって、大局から見て、こういう事業をやることがよいか、わるいかということ、かつよいとしたら、満鉄がそれに要する資金を調達するか、しないかということを決めてくれればいいのだと強調しました。すでに松岡総裁も、関東軍も諒承しているものでしたので、重役会でも遂に異議なく私の計画に同意したのであります。

話が決まったからには、すぐ現地に行って、中国側と交渉せねばならぬと考え、即刻北平に赴き冀察《きさつ》政務委員会委員長宋哲元氏ならびに幕僚と会談、興中公司設立の主旨をよく理解してもらいました。そしていよいよ具体的の交渉をはじめようとした時、宋委員長の秘書があわただしく入って来て、二・二六事件突発の東京電報を提示、日本が重大危機に直面していることを知らされました。自然交渉は中止、私はいそいで帰国しました。

中国人に真の友人を作れ

社長訓示が縁となって中国実業家と事業を共にす

興中公司については、いろいろの思い出がありますが、特に一般の中国関係会社とちがった考え方、行き方で運営されていたということだけは知っていただきたいと思います。創立総会が無事に済んだあと、直ちに第一回重役会を開きましたが、その席上、次の三項を決定しました。

第一は、従来中国に関係のある会社は、複雑な仕事の性質上、使途を明らかにすることのできぬような支出が必要でありましたが、理由のいかんを問わず、将来興中公司の支出については一切秘密を許さない。もちろん、外部に発表すべきものではない性質の経費もあるが、会社内では、支出の目的、相手方、費用内容を明瞭にしておくという原則を決めたわけです。第二は、社員は日中両国の地理的歴史的の善隣友好の関係を回復し、将来一層親善提携を密にし、特に経済協力に精進するという理想を堅持して、世界、特に太平洋平和のため、その重要性を認識し、仕事に全身を打ちこんでくれる人を迎えること、したがって、待遇をよくして他の会社から人を抜いてくるというようなことを絶対にしない。第三は、役員報酬のことでありますが、これは極めて小額であるから、社長以下全役員が均等に配分することにしました。役員は満鉄から小谷晴亮、内海治一両君、日本内地から私のほかに内田敬三、長沢薫両君、計五名が就任したのです。この初の役員会決議が、はからずも第一期決算の際、計算があわず大変困ったという結果を生んだのも一つの話題となったのであります。といいますのは、社員の中に私は月給二百円の辞令をもらいましたが、百五十円あれば十分生活ができますから、百五十円で結構ですというて五十円だけ辞退して受取らないといったようなものが数名おりましたので、辞令面の支払伝票と現金の給与決算額とがつきあわなくなったというわけなのです。まるでウソのような実話ですが、こうした純情な社員が沢山いたということが創立早々の小会社で、仕事が非常に困難であったにもかかわらず意外に大きな業績をあげることができた根本の理由であったと思います。

創立当初、大連に本社を、東京、天津、上海に支店を置きました。私は社長として次のような訓示を全社員に示達しました。

「興中公司は日中両国の親善提携を目的として、中国において経済活動をするために設立された会社である。したがって、社員たるものは、中国に対し十分なる理解を持つと同時に、中国人と常に密接なる関係を保ち、相互に信頼感と隣人愛とを持つものでなければならぬ。すなわち中国において、あえて仕事をしようという観念をすて、中国人に親しい友人をできるだけ多数持つように心がけなければならない。仕事をしようとすれば、勢い無理をして中国人を圧迫するとか搾取するとか、いうようになりがちであるから、自重してほしい。私はいずれ各地を歴訪する。その時、中国人の友人を紹介してもらいたい。果して本当の友人になっているかどうかは私自らこれを確かめるだろう。もし一年たち、二年たっても中国人の友人ができぬようなものは、本社に必要のない人であるから退職してもらうだろう」

それから一年ほどたったある日、帝国ホテルから楊という中国人が電話をかけて来て会いたいという。ホテルに楊君を訪ねましたところ、「自分は上海で電気事業をやっている。また揚子江の上流に鉱山を持っている。これらの事業をあげて興中公司に経営を引受けてもらうか、共同経営にしてもらうかをお願いに来た」というのです。私は楊君を全然知らなかったのですが、上海支店長米沢君の親友で、私の訓示を偶然見て非常に感激し、こういう会社に自分の事業を委託したいという気になったというのです。私は最初固辞しましたが、楊君は承知してくれるまで東京を動かないと強く要請してききませんので、遂に引受けました。

山東省青島の鐘紡工場長長沢薫君は、多年中国にあって中国人との交友関係が深かったのですが、特にその前年、省主席韓復榘《かんふくく》氏が内戦に破れて青島に落ちのびた際、韓氏を工場内にかくまって庇護しました。厳正中立の態度をとっていた日本政府の意向を無視し、あえて懐ろに入った窮鳥をかばったのであります。これが縁となって、韓主席は長沢君を命の恩人として尊敬し、刎頸《ふんけい》の交りをするに至ったのであります。その長沢君が、ある日、済南の主席公邸に韓氏を訪ねました。丁度その時、韓氏は日本の済南総領事と会談中でしたが、秘書から長沢君の名刺をうけるとちょっと失礼しますといって席をはずし、総領事を待たせて長沢君との用談を済ませました。総領事はそのことが余程癇にさわったらしく、それから鐘紡に対しては監督上種々の圧力をかけ、陰に陽に意地のわるい態度をとったので、長沢君をそのまま工場長にしておくわけにいかなくなり、遂に多年勤続の鐘紡を退職させられることとなったということです。もちろん、総領事にはいい分があったのかも知れませんが、韓氏と長沢君との親交関係は一鐘紡の問題でなく、国家の財産ともいうべきもので、この貴重な財産を棄てるようなことがあったら国の一大損失でありま す。私は早速鐘紡の津田社長に長沢君を譲ってほしいと懇請しましたところ、津田社長は快く同君を手放し、かつ私に興中公司重役候補にと推薦してくれました。こういう関係から長沢君は興中公司の取締役になりましたが、そのおかげで長沢君と韓主席との間に山東開発に関する基本方針の交渉が進展、山東省内における諸事業を日中合弁で進めることに決定したのであります。

孫文の建国方略中には北方大港の建設ということが大きく取り上げられておりま す。中国の開発にはどうしても良港が必要であります。広東、上海、青島等はいずれも良港でありますが、北方には開発すべき資源が豊富であるにかかわらず良港がありません。天津は河口港で大船の出入に不便ですし、秦皇島はイギリス専用、中国としては別によい港を得たいと多年熱望していたのであります。土砂の堆積によって泥土の遠浅となっている白河の河口に築港することは不可能といわれていましたが、専門家の研究によって塘沽に築港するの外はない。孫文の建設計画に盛られている北方大港はこれだということとなり、ここに塘沽築港案が生れ出たのであります。

私は最初孫文の計画を基に農業資源を中心に五ヵ年計画をたてました。まず水田の開発を計画、また衣料資源として華北の耕地中、棉花栽培にあてる土地を五分だけ増加すれば、東洋で消費せられる棉花を十分に賄うことができるという見通しでした。竜烟《りゅうえん》付近の鉄鉱は極めて良質でありますし、開平炭鉱を別にしても、山東、山西は無尽蔵ともいうべき石炭資源に恵まれております。天津付近は、さらに有名なる長芦塩の産地であります。その既設塩田に若干の改善を加え新しく一万乃至二万町歩の塩田を造成するならば、日中両国の必要とする食糧塩、工業塩を十分提供し得て、生活必需品供給の事業に大きく貢献し得ると思ったのであります。そこで孫文の計画にしたがって塘沽に一万トン級の船を接岸させることができるような港を建設し、天津、山海関間を重化学工業地帯とするならば、東洋において異色のある工業地帯が現出するというように考えました。まことに大雑把な計画のようにも思われますが、中国のために中国の資源を開発し、中国経済の発展に貢献することこそ興中公司の目的使命である。それには他国人である我々が考えるよりか、中国の先覚者、国父の計画を採り上げることが至当である。これが私の考えで、そのためには孫文の建設綱要に学び、その計画中まず北方大港の建設を第一に重視したのであります。

これが実現を見れば、開発に必要な資材、あるいは開発せられた物資の輸出入が自由に呑吐《どんと》せられ、山東、山西両省をつなぐ線以北の経済開発が急速に進展するであろうことは疑いを入れない。また山東の韓復榘、山西の閻錫山《えんしゃくざん》両氏と密接に提携すれば、華北の平和と繁栄の基礎が確立し、日中両国融和の上にも好影響を与えるであろうというのが私らの見通しであり、ぜひとも成就せしめたいと念願したのであります。

天津の電力事業に新風

開灤炭鉱ネーサン氏の協力を得て関係事業も進展強化

興中公司設立後、華北ではずいぶんいろいろの事業をやりましたが、私として特に印象が深く、長く思い出としてのこっているのは、やはり一番最初に手がけた発電所建設と、これに関連して特別密接な交友関係を結んだ開灤《かいらん》炭鉱の総経理（社長のこと）ミスター・ネーサンのことであります。

はじめ天津に参りまして、経済界の情勢を見ますと、電力不足によって、天津市民、特に中国人が、生活の上でも、事業発展の点でも著しく不便を感じさせられていることに気づき、電力問題を解決することが、中国人に対するサービスとしても、はたまた経済建設に対する貢献としても、最も必要なことであろうと考えたのであります。というのは、当時天津の電気といえばイギリス経営の四千キロの発電所が一つだけという貧弱なもので、一般の需要には到底応じきれません。かつ料金も高く、このままでは、天津付近の発展ということは考えられません。そこでなによりも先に電力と取組み、天津に三万キロの発電所を作る計画をたてたのであります。

その時、この発電所に関する計画書、設計書などを全部開灤炭鉱本社に送り届けました。最初、興中公司社長に就任すると同時に、米英の領事や、代表的な会社を訪問して、興中公司設立の目的や、その事業方針について、私の考え方を大略説明して、協力援助を求めました。もちろん私は開灤本社を訪れて挨拶もし、首脳部を招待したりして、ネーサン氏とも顔馴染になっていましたが、それはその当時においては、まだまだ儀礼的のものという程度であって、互に友人になるというほどではありませんでした。その程度の関係だったところに、いわば会社の機密ともいうべき計画書や、設計書を送ったのでありますから、開灤の方では、相当驚いていたらしい。

ある日、ネーサン氏が来訪、私が送った書類一切をテーブルの上におき

「これは君のところの発電所計画ではないか」

といいますので、「その通り」と申しますと

「君のところの計画書や、設計図をもらってもしようがないから、持って来た」

というのです。

「しようがないどころじゃない。この事業と、貴社の炭鉱とは、関係が大ありだ、というのは、この発電所は開灤炭のみを使用するつもりで計画したもので、よその石炭は使わない予定である。そのつもりで貴社の石炭を使って発電するのに最も適するように設計をしろと技師に命じたところ、私の会社の技師は、開灤炭についてあまり知識も経験も持っていない。やはり開灤炭に関してはあなたの会社の技師に教えて貰うほかはない。そこで計画のすべてを打ちあけて、仔細に見てもらい、いろいろ注意もしてもらいたいし、修正もしてほしい、そういう心持ちでお届けしたのだから、ぜひ力をかしていただきたいのです」

といいましたら、ネーサン氏は

「そうであったのか」とうなずき

「実はこれまで日本の当局はじめ各方面とも、すべてが秘密主義に徹していて、およそどのような仕事をするにしても知らせてくれたことがない。聞きに行っても話してくれません。まことに冷淡そのものでした。それだのに、君のところからは、秘密と思われる設計図その他なんでも送ってよこすので、いささか不思議に思っていた。いま話を聞いて、よくわかった」

と非常にうれしそうに私の手を握り「協力しますよ」と力強くいってくれました。

このことが縁となって、ネーサン氏と懇意になりました。その結果、興中公司の発電用炭は一般卸売市価より一三％の特別割引をしてわけてくれるようになりましたので、経営上どれだけ利益を受けたかわかりません。イギリスよりもうんと料金を安くしても、十分儲かるわけなのです。

いよいよ発電所ができ、電力を供給するようになりましたので、料金をいくらにするかという問題にぶつかりました。当時イギリスの電気料金はキロ五分（五銭）です。べらぼうな値段でした。私の方の計算によれば一分か、一分半でもペイする。といって、一分半では、あまりにもイギリスにあてつけがましいので、キロ二分半ということにいたしました。理由として、発電所のスケールがちがうから、安くなるのだと説明したのですが、もちろん、イギリスの顔をたてたわけなのです。このことをイギリスに通知しましたところ、イギリス側も、長い間五分とっていたので、非常に儲かり、減価償却も済んでいるから、こちらも値下げしようといってたしか三分位にさげました。このようにしてこれまでは、申込んでも、なかなか電力の供給を受けられなかったものが、いくらでも供給を受けられるようになり、値段も半分になって、一般市民から大変よろこばれました。これで興中公司の最初の事業は、公司設立の趣旨を実現することができ、中国側から非常に歓迎されました。

私の構想では、塘沽の築港を完成し、華北に東洋一の重工業、化学工業地帯を作るつもりでしたし、当然発電所もつぎつぎと拡張しなければならなくなりますが、その時にはさらに大きな発電所を開灤の山元に作ろう、そうすれば、屑炭も利用できコストがウント安くなるので、単価をもっともっと下げても立派に経営がなりたつ。そのことをネーサン氏にも話し、賛成を得ていたほどでした。

ちょうどそのころ、天津では租界問題がやかましくなっていました。どうも租界を中心として反日行為が目立つというので軍当局はその対策にやっきとなり、治安確保のために租界出入者の検閲をやかましくやったが思うようにいかない。とうとう一般外人の女子供にいたるまで厳重な身体検査を実行しだしました。外国からはもちろん、ひどく抗議して来ました。私も実はそのことを知って、これはいけない、そんなことをやって、いたずらに外国人の反感を買うことは中国人の排日機運に油をそそぐこととなり、事変処理の上からいってもよくない。どうしてもやめさせなければいけないと思い、軍の首脳部にも注意しましたが、容易に聞き入れようとはしませんでした。

ところが、まことに幸なことにこの難問題が解決し得られそうになったのであります。その幸運とはこういうわけです。そのころ興中公司で塘沽に運輸会社を設立し、艀業《はしけ》を開始しました。ねらいとするところは大きかったようなものの、資本金も少なく、艀も借入れたものを合せて、僅か六隻にすぎませんでした。しかしわが国が次第に伸びつつあったときですし、背景を想像して、急速に実力を発揮するも

興中公司時代（中央）。

のと外国側では見ていたでしょう。それまでイギリス系の運輸会社T・T・Lは事実上一つの独占事業であっただけに、T・T・Lの受けた衝撃は相当のものであったのでしょう。そこでなんとか妥協を策し、無用の競争をさけようと考えたらしく、その斡旋をネーサン氏にたのんだものと見えます。ネーサン氏からT・T・Lの役員を紹介して来て、塘沽運輸に話があったのを機会に、T・T・Lの重役にも会い、いろいろ話合った結果、T・T・Lから艀を借用することからさらに一段と協力関係を進めることとなり、いっそのこと合同しようではないか、というところまで来たのです。

そこまで来れば、もうしめたものです。海から白河をさかのぼって天津に通ずる水路は、完全にわが国の統制下におかれることになってしまうわけです。すでに北寧鉄道をはじめとして、華北の全鉄道を掌握しているわが方が、こうして水路まで勢力下におさえれば、なにも租界の出入に一々外国の女子供まで身体検査をするというような野蛮なことをする必要がないではないかという、私の主張にようやく納得してくれたのであります。私にしてみれば塘沽運輸の方は、ロクに金も使わずに大きくなり、実力もついて、仕事がやりやすくなる一方、このことによって、外人の非難を緩和し、外国との関係をいくらかでもよくし得たわけで、二重のよろこびとなったのであります。これらのことも、そのもとはといえば、みなネーサン氏の私に対する特別の友情、厚意によるものであります。

その後、T・T・Lと塘沽運輸との合同問題はスラスラと進みましたが、最後に思わぬ障害にぶつかりました。それは合併後の会社重役の報酬問題です。日本では、重役報酬が至って少ない。イギリス人は、そんな小額では生活ができないというのです。といって、イギリス人だけ増額することもできません。どうせ生活ができないなら、一層会社財産全部を塘沽運輸に売ってイギリスに帰りたいといいだしました。やむなく、それでは買収しようということになりましたが、僅か、五百万円相当の外貨であったにもかかわらず、大蔵省は許可してくれません。そのため、買収談も立消えになりました。イギリス側は、事業の進展に伴い、優良な曳船、艀を香港に移してしまいました。同時に天津租界封鎖を要望する日本軍の主張は、日を追うて強くなりましたので、やがて北支開発が、T・T・Lに残っていたボロ船ばかりを前とほぼ同価格で買収しました。

水泡に帰した華北開発構想

ネーサン氏の厚意から礬土頁岩の採掘権をもらう

私が興中公司の社長を引受けるまでのいきさつについては、前段で詳しく話しましたが、最初軍の首脳部から勧められたとき、軍が仕事に干渉しないこと、ともに中国で経済活動をする以上、米英等の外国勢力とも協力する必要がある。この二点を約束してもらいました。ところが、軍は以前から、米英打倒運動を展開しているから、正に矛盾衝突することとなるが、それでよろしいかと念を押しました。これは大事な点でありますから、正式に諒解を得ておかずに、あとになって、かれこれいわれたのでは、すべてがご破算になると思いましたので、特にタイプした書面を提示して強調したのです。もちろん、軍の強硬派が、こんな希望をいれるわけがないと思っていたのですが、予想に反し、みな承知するといわれたのには私もちょっと面喰ったほどです。打倒米英ということは、国策の表面にこそ出してはいませんが、軍部の方針としては、少くとも東洋から米英勢力を一掃しようというねらいだったので、私の希望条件は全然反対の方向を示すものとして、むしろ反撃せられるのが当然であったでしょう。にもかかわらず、よろしいということになったのですが、そう決まるまでには、かなりはげしい議論が戦わされたということです。

私は中国の経済開発は大事業であり、日本の独力では、到底円滑になし得ることでなく、またできるだけ早く開発することは、中国はもちろん、日本のためにも、アジアのためにもよいことだと思いましたので、なるべく関係者の協力を得たいと考えました。差当り英・白両国側と交渉しまして、天津イギリス租界あたりに日英白三国の共同事務所を作り、三国の関係者が毎日顔を合わせることができるようにすれば、相互間の誤解もなくなり、親密感も深まって、協力体制が強化されるというので、ベルギー商務官を所長とする共同事務所を作ることとなったのであります。ところが、事変後、中国人が中立国系の教会に逃げ込むので、自然日本軍が教会を攻撃するようになりました。これが天津在留英・白人の感情を悪化せしめ、折角の共同事務所設置計画も挫折するのやむなきにいたりました。これよりさき、私は華北に行ってから、進んで外人と交わり、外国の領事館を歴訪し外国と協力提携して華北の経済開発をやりたいと思っているから助けてほしいと申入れ、私の考えている興中公司の方針を説明しました。それまで、とかく外人ならびに外国勢力に対しては敬遠するか、意地わるくするか、または高圧的に出るというようなやり方のみでしたので、私の態度を意外とし、もちろん一面多少の疑問を持ちながらも、一面非常によろこんでもくれたらしく関係外人が大変好感をよせられました。開灤のネーサン氏などは、その代表的一人であったわけです。

私は開灤と特別密接な関係を持つことが、華北で事業をする上において、最も必要だと思い、できれば、資本的にも相互に協力し、経営にも参加したいと考えたのであります。開灤炭鉱は元来イギリス側の会社と中国側の会社と二つあって、この二つの会社が、一つの炭鉱を経営していたのですが、イギリス側の会社資本は、七割がイギリス、三割がベルギーとなっていました。まことに幸なことに、当時ベルギー大使館の商務官と私とは極めて懇意でありましたので、しばしば会談して、懇請しましたところ、その斡旋尽力によって、ベルギーの持株全部を日本に譲ってもよい、というところまでまいりました。だからイギリスにたのんで二割だけわけてもらいなさい。そうなればイギリスと半々でやれるようになるではないかといわれました。そんなことも考慮に入れて開灤のネーサン氏には特別に接近し発電所計画にも進んで内容をぶちまけて協力を乞い、さらに炭鉱所在地に共同で大規模の発電所を建設しようともちかけ、株式分譲のことをそれとなくにおわしていました。

そのころ私の構想としては、炭鉱所在地に、竜烟の鉄鉱石を原料にして、製鉄会社をおこそう。それにには北京、天津を迂回せず三角形の一辺を通る鉄道をひく。そして平生は、鉄鉱石と石炭を輸送し、有事の際は直ちに軍用にきりかえれば、一挙両得だと考えたのであります。しかしそうした鉄道を敷設するには、条約によって、北寧鉄道に特殊の権益を持っているイギリスの承認がなければ不可能でありました。それもむずかしいことの一つであったのであります。

また山海関から天津に至る海岸線一帯は有名な長芦塩の産地です。しかし、塩田が荒廃し、中国政府が生産制限をして輸出を禁じていたので販路もせまくなり、塩田も段々衰微してきました。もちろん塩業によって生計を立てていた多数の中国人は非常な困窮状態に陥っていたのであります。一方日本は、遠くアフリカ、紅海あたりから多量の塩を輸入しておりました。ですから、興中公司としては、大いに考えざるを得なかったのであります。そこで一面六千万円を投じて荒廃塩田の復旧をはかることとし、一面新たに一万二千町歩の新塩田を作る計画をたてました。一万二千町歩といえば、なかなか広いもので、八里四方ですから、一寸視察するといっても、飛行機にでものらなければよく見られません。これが完成の暁には、わが国で必要とする工業塩も、食料塩もみな供給できるわけであります。さらに塩を原料にした化学工業が生れてくる。そうすれば、製鉄事業や、その付属の化学工業とあわせて、この付近一帯が東洋方面における重化学工業の中心地になるであろうと考えたのであります。

その上、華北地方は棉花栽培の好適地であります。中国政府も、その重要性を認識し、各国へ留学生を送って、棉花栽培の研究をやらせていたほどです。そこで、もし華北の耕地の五％を棉花畑にふりむけるとしたら、当時私の計算では東洋で消費する棉花全部を賄うことができるというわけでした。それには莫大な資金がいりますが、周作民氏の金城銀行と手を握れば、その問題は解決できる。同時に棉花の輸送も途中の危険というカベがあるわけなのですが、その方は青幇《ちんぱん》の親分である張英華氏が引受けてくれるので大丈夫。銀行が農民に必要な融資をして、農民に棉花栽培を奨励し、生産物は青幇の舟で輸送して、集貨した棉花を銀行倉庫に収容し、わが紡積会社がこれを収買することとすれば、遠い外国から棉花を買わなくとも十分にやっていかれます。また中日両国がかくして経済関係を密にすることから、次第に親善提携を実現して行きたいと考えたのであります。

かつまた現地主義で、五万錘《すい》程度の単位で、各師団所在地に紡績工場を作れば、その利益をもって、ある程度師団の必要経費も生れて来ます。もちろん、わが国の師団のためのみをいうのではなく、中国の軍隊でも同じことで、直接人民に負担をかけることなく、軍を養うことができるのであります。かく主要地に軍隊が駐屯し、にらみをきかせていれば、治安は確保され、平和も維持され、華北の開発が一応軌道にのるようになるのではないかと思っていました。

ある時、私が中毒にかかって、しばらく天津のホテルで静養をしておりましたところ、ネーサン氏が訪ねてまいりまして、

「開灤炭鉱の上層と下層に礬土《ばんど》頁岩《けつがん》が埋蔵されている。かねてから満鉄の松岡総裁から譲ってほしいと希望されているが、満鉄には絶対やることができない。何故かといえば、これはどうしても炭鉱側と一心同体になって働いてもらえるものでなければ仕事が円滑にできない。満鉄とはそういう関係になることは望めないが、君ならば、なんでも一緒にやれると思うから、君に無償で譲ってもよい、やらないか」

というのです。

礬土頁岩は、アルミの原料、耐火煉瓦の原料になるもので、わが国としては、ノドから手のでるほどほしいものです。それを無償で譲ってくれるというのですから、

私も驚喜しました。早速ありがたく頂戴して興中公司の事業としたいと申しますと「それは君個人にやるのであって、会社にやるのはいやだ」と念を押されました。私はその厚意を感謝しながら、「私が興中公司という会社を背負っていながら、会社へというならともかく、私個人で貴重な権利を貰うことはこまる」と話しますと、「会社では誰が社長になるかわからないからいやだ」といってききません。そこで私は「興中公司は私の作った会社で、私が生きている限り社長をしているから、そうした心配はご無用」と強引に承諾してもらいました。かくしてこの権利を五百万円に評価して生れたのが華北礬土有限公司で、この貴重な礬土頁岩が、わが国の手によって掘られるようになったので、わが国の重工業に大きな貢献をすることになったのであります。

開灤のネーサン氏とは国境を越えた友情で結ばれていました。私の計画していた開灤炭鉱の共同経営案にしても、大体順調に話合いが進んでいったかも知れないのですが、日華事変の進展に伴って諸般の情勢が変化し、私も興中公司の社長を退任するようになり、ご承知のように戦線拡大の事態になったのであります。痴人夢を説くに似ておりますが、華北における私の構想が、そのまま実現していましたら、現地の情勢も、非常に変っていたろうと考えることがしばしばであります。

林内閣の組閣参謀長となる

林大将の熱意と説得に感激せるも早々難関にぶつかる

昭和十二年一月、休会あけの国会は、政友会の浜田国松氏と寺内陸相との有名な「腹切り問答」から俄然風雲をまきおこし、広田内閣はついに一月二十四日総辞職しました。そのあと直ちに宇垣大将に組閣の大命が降下しましたが、陸軍は宇垣内閣の出現を拒否するの態度をとり、陸軍三長官会議で推薦した陸相候補がいずれも辞退して、とうとうこれを流産せしめてしまいました。満州事変以来、動揺しがちな政局はまことに混迷そのものであったのです。

そして大命はさらに林銑十郎大将に下りました。一月二十九日の深夜、正確にいえば三十日午前零時十五分ころでしたろう。林大将から直接私に電話があって、夜中ではあるが至急来てほしいということでした。お召によって参内、大命を拝して宮中を退下した直後のことであります。私は早速本郷の自宅から自動車をとばして千駄ヶ谷の林大将邸にかけつけました。午前一時ころでしたろう。林大将はよろこんで私を迎え、謹厳そのもののような面持ちでこういわれました。

「満州事変以来、日中両国の関係が険悪を極め、皇室におかせられても非常に事態を憂慮せられ、陸軍の最長老である宇垣大将に大命が降下したのであるが、不幸にして組閣が成功せず、ついに自分ごときものが、内閣組織の大命を拝受することになった。時局多難の折柄、自分はその任ではないと考えるけれども、国家の重大事であるし、陛下のご軫念《しんねん》の様子を拝しては拝辞申上げる余地がないと思い、しばらくのご猶予を願っていま退下して来たところである。東亜の現勢からみて、自分は日中両国が過去の行きがかりを棚にあげ、心から親善提携する以外に時局を平和裡に収拾する方法がないと考える。ついてはかねてから大陸において満鉄、興中公司などの経営に携っておられた君に、組閣幕僚の中心となってもらうことが絶対必要だと思うから、是非とも自分を助け、陛下のご信任に応えられるように協力してほしい」

私にとって思いもよらぬ言葉でした。全く予想もしなかった意外なことでした。私はそれまで林大将とは、仕事の関係上、陸相時代に公室などでは、しばしば会っ

昭和 12 年（1936）、林銑十郎と。

ては事務的なお話相手にはなっていましたが個人的に親しくおつきあいを願ってい
たわけではありません。それに大命を拝受されたものと組閣参謀長とは正に一心同
体のものでなければ、ことを成就せしめがたいし事務を通じての知りあいという程
度の関係だけでは、とうていうまくいくものではないと考えていましたので、率直
にそのことを申上げ、極力辞退いたしました。

ところが、林大将は言下にこれを斥けました。そして時局は重大だ、これを平和
裡に収拾するには、どうしても日中両国が互譲して平和を念願し、心から提携握手
するのでなければならない。それには第一に中国人の間に個人的に信任されている
ものが局に当る必要がある。その点、自分の知っている範囲内では君をおいて他に
適任者がないのだ。また満州事変以来、軍事行動が継続してきたので、陸軍との間
に意思の疎通がなくては、すべてに困難だと思うが、この点についても、君は最適
任者と確信しているのだ。もちろん、陸軍部内の意見が一致しているというのでは
ない。軍内部にも、基本方針の相反する意見が対立している面のあることは知って
の通りだ。自分は満州事変の余波が満州以外におよぶことを絶対に避けなければな
らぬとし、中国とは、どこまでも親善提携してゆきたい。また軍内部におけるこの
根本方針に賛成するものとは緊密に協力してゆきたいと思っている。さきに関東軍

が長城線を越えて平津地方を目前にし、ここでぴたりと停戦せしめたことは、東西の戦争史上稀に見るところであると思うが、雪崩のように進撃した関東軍を停止せしめた人達の基本的考えは自分の意見と合致する。これらの君をよく知る関東軍の首脳者だった人々が、一致して君を推薦してきているのだ。また自分は満州国は五族協和の王道楽土でなければならぬと考えるが、満州国の平和的発展はひとえに中国との関係いかんにかかっている。中国と満州国、中国と日本が善隣友好の関係にあることが、絶対必要の前提条件である。したがって、君が関東軍に進言していた通り、満州国の成長発展策と、中国との善隣友好関係とは、切り離すことのできぬ一連の政策である。自分の組織する内閣の使命はここに主眼をおかなければならない。このことは陛下の固いお思召でもある。その意味において、どうしても君の協力援助を得なければならぬので、是非とも組閣参謀長となり、さらに入閣して自分を助けてもらいたいと諄々と説かれました。

林大将は真剣でした。深夜長時間にわたって膝もくずさず、時々家人の運ぶ茶をのみながら、熱心にこういうことをやりたいと思うといって政策の大綱を披瀝し、進んで閣僚として参加してもらいたいと思っている人々の名をあげて、一々私の意見を聞くというように、もう完全に女房役にしたつもりのようでした。ふと時計を見ると午前六時です。ここまで礼をつくしてのたのみを断るわけにもまいりません。私は遂に快く組閣参謀長を引受けることとしました。そこで一旦自宅に帰り、まもなく組閣本部に引き返しました。組閣本部は明治神宮青山外苑に近い日本青年館の隣り、ある華族の私邸におかれました。林大将に招かれて組閣の手伝いをしたのは官僚出身のものが多く、大橋八郎、川越丈雄、河原田稼吉、河田烈君らでした。二階を林大将や参謀連の部屋にあて、そこで組閣の基本方針を相談したのです。

ところで、組閣の第一の問題は後任陸相でありました。宇垣大将が大命を拝辞したのも陸相が得られなかったからで、陸相が決まらなければ、他の閣僚詮衡に入ることもできなかったわけです。林大将は後任陸相には板垣征四郎中将、後任海相には末次信正大将が最適任者であるとしていました。このころ、この二人は陸海軍においての、強硬派を代表して、その意見を実行に移した人々で、したがって、軍部内において、最も信望も厚く、当時一般からも最も信頼せられているから、この二人に入閣してもらい、陸海軍を説き伏せ、対中国親善策に反対する強硬派への押えとして日中両国の親善関係を回復することが基本的要件であるという考えからでした。それゆえに陸海両相、特に板垣陸相の選任は、この内閣成立の絶対の要件でありました。そういう関係もあり、その上、林大将自身また軍部出身のものでもあり、かたがた、後任陸相の交渉にはまず自ら当ることとしたいといい、林大将は寺内陸相を訪問、後任陸相の推薦を依頼しました。

寺内陸相との会談を終って、組閣本部に帰って来た林大将は、幕僚会議を開き、軍は自分が大命を拝する以前、新内閣の陸相詮衡を三長官会議で決定、後任陸相候補者は中村孝太郎中将ということに決めていた。それがため、板垣中将の推薦についていろいろ懇請したが、ついにいれられず、やむを得ず帰って来たという報告をしました。そして、さらにつけくわえてすでに三長官会議で後任陸相として中村中将を推薦することに決定している以上、これをうけるの外ないであろうというのでした。

私は真向から反対しました。そもそも林内閣の使命は日中両国の親善を図るにあり、これが新内閣の中心課題であるとすれば、後任陸相の人選こそ、林内閣の運命を決するものといわなければならない。また現下内外の情勢から判断すると、新内閣の成敗は同時に日本の運命を決定する重大事である。それゆえこの際軍部内において最も信望のある板垣中将をおいて他に陸軍を統率し、日中関係を改善し、内外と融和していける人物は絶対にないと思う。よってただ一回の陸相との折衝であきらめることは賛成しがたい。幾度でも会って翻意を求めるのが上御一人の信頼に応え、祖国に忠なる所以の正しい途ではありませんかと林大将の再考を促したのであります。

陸相問題で大将と正面衝突し組閣本部の空気険悪化す

林大将は、私の反対意見に対し、縷々寺内陸相との会談内容を説明し、すでに三長官会議で決定したことでもあり、陸相の決意も堅いので、これから何度陸相と折衝しても無駄と思うといってききません。そこで私は「それなら私自ら寺内陸相との交渉を引受けますから、陸相との交渉をおまかせ願いたい」と申し出て、私が直接寺内大将を官邸に訪問しました。

寺内陸相は、「林大将は現役を去ってすでに一年以上も経過している。その過去一年間に軍部内の情勢はすっかり変ってしまった。それゆえ、林大将は現在の陸軍部内の実情に通じていない。後任陸相は三長官会議で中村中将を推薦することにしたのだから、これをうけるより他あるまい」といわれました。私は「三長官会議はいつ開かれ、中村中将を後任陸相に推薦するということは、いつ決定せられたか、林大将が大命を拝受する前に新陸相を決定するということは大命干犯ではないでしょうか。組閣の大命は、どのような人物を閣僚の地位にすえるかということにある。したがって、林大将の申入れを待たずして開かれた三長官会議が、後任陸相を決めても、それは無効ではありませんか。大命を拝するに当って林大将が、陛下からどのようなお言葉を賜ったか、また林大将が陛下にどのような奉答をしたかというようなことを、三長官にいま一度お集りを願い、聞いていただいて、その上で新陸相候補を推薦されるということが絶対必要じゃないかと思う」と熱誠をこめて説きました。

しかし、寺内陸相は承知しません。さらに私は「一週間前、宇垣大将が大命を拝した際に、三長官会議は三人の陸相候補を推薦したではありませんか。しかるに一週間後、林大将が大命を拝した時に、一人の陸相候補しか推薦しないということは、一体どういう事情によるものですか」と、問いつめました。すると、某将軍は三月事件に関係があり、某将軍は十月事件に関係し、いずれも陸相たる資格のないものであるというのです。「しからば、なにゆえ資格のないものを三長官会議で候補者として推薦しましたか」とたたみかけましたら、「実はそのことがわからず、推薦したあとで、そのことを知ったのだ」と苦しい弁明でした。「そのようなそそっかしい会議の決定ならば、やり直しを要請するのもやむを得ないでしょう。是非三長官にあらためてお集り願い、林大将の意見や希望ならびに大命拝受の経緯等聞いていただきたい」と強くいいましたが寺内陸相は、この決定はくつがえすことができないと厳として拒否しました。

私はどうにもなりませんでした。しかし、屈すべきではないと考え、やむを得ず、「きょうは陸軍大臣に後任陸相の推薦方をお願いに来たのであって、議論を闘わせようというつもりは毛頭ありません。お話のごとく林大将も予備役編入から一年以上もたっていますので、私の方でもなお十分考慮いたしますから、陸相の方でも、もう一度お考えなおしをお願いしたい。改めてまたお伺いします」といって官邸を辞去、組閣本部に帰って、幕僚会議を開き、この会談てんまつの報告をいたしました。私は、陸相こそ新内閣の最も重要な中心閣僚であり、新内閣の生命線である。板垣陸相を除いては、到底軍部内の強硬論を抑えて、日中親善提携の根本政策を確立し得ないと信ずるから、陸相問題は再三再四、あくまで初志を貫徹するよう努力すべきであるということを強調しました。その日は一応しばらく冷却期間をおいて重ねて陸相と折衝するということにしました。

翌日、幕僚会議において、林大将は、自分もさらにもう一度寺内陸相を訪問して懇請して来るといわれました。私は一縷の希望をかけて林大将を送りだしました。本部では、林大将が出かけますとその訪問先に電話をかけるようにしていました。

また出先からも、ただいまついたとか、帰途についたとか、知らせて来るようになっていたのであります。そこで陸相官邸に早速連絡しましたが、まだ到着しないという。あちこち捜し求めました結果、意外にも林大将は陸相官邸を訪問しないで、閑院宮《かんいんのみや》邸に伺候していることがわかったのであります。

やがて林大将は組閣本部へ帰って来て、幕僚会議を開き、「自分は参謀総長宮のご意向を承ることが必要であると考えたので、宮邸に伺候し、自分の考えを申上げたところ、宮殿下からえらく叱られた。三長官会議で決定したことをなにゆえ素直に受けいれないのかといわれた。君らとちがって、自分は軍人であるから、宮殿下のご意思には絶対背くわけにいかない。殿下が中村中将を後任陸相とお決めになった以上、これを翻す余地は最早ないと思う」というのでした。海相後任として末次大将を希望していたのですが、これにも異論があって、永野修身大将を推薦するという通知がありました。その他大蔵大臣には池田成彬氏、司法大臣には塩野季彦氏をすえ、平沼枢密院議長および財界との連絡を密にしようというのが、組閣の基本方針でした。すなわち陸海相に板垣、末次両氏を配し、軍部、財界および政界の三者鼎立提携の上に組閣をしようというのが林内閣の構想でありました。塩野氏は受けましたが、池田氏は固辞して代りに結城豊太郎氏を推薦して来ました。林大将は、私に日中両国の経済提携をはかる必要上、私には商工大臣として入閣してほしいし、少数閣僚主義でいきたいと思うから鉄道大臣を兼ねてもらいたいということでした。

ところが、最初林大将を極力推薦していたのは、陸軍部内の満州組、支那班出身の人々でした。これに反対の立場に立つ欧米派の中の人々が、満州事変以後対華強硬論者になって、林大将組閣の基本方針である日中両国親善提携に真向から反対して来ました。私は組閣参謀長を引受けると直ちに林大将に対して、組閣完了まで一切の雑音が遠ざかるようにいたしましょうと提案し、本部にあてた二階には、組閣幕僚以外一切何人といえども入れないことにして表と裏の階段には屈強な番人をつけていました。しかし、陸軍部内の強硬論者は、いろいろの人を差しむけて、林大将を組閣本部の階下に連れ出し、あらゆる手段をつくして、組閣方針を転換せしめようとしていました。私は極力この策動を封ずることにつとめたのですが、微力にしておよばず、組閣本部は二階と階下の二つにわかれ、全く対立の恰好になりました。いなその対立が抗争となり、次第に激化して、しまいには暴力団を組閣本部に忍びこませているという風説がみだれとぶような陰惨な状態になって来たのであります。

このような空気におおわれて、林内閣組閣の根本方針がぐらつき出し、漸次変転する傾向が顕著になってまいりました。閑院宮邸に伺候してからのちの林大将は、板垣陸相案を殆ど放棄してしまったもののように感ぜられました。板垣陸相案を放棄したということは、とりもなおさず対華政策の穏健策を棄てて、強硬策を採用するということになるのであります。私はしばしば林大将に、大将が組閣の基本方針としていた日中両国の親善提携という政策は、どこまでいっても変えてはならないと進言していましたが、林大将の態度は次第に私から遠ざかっていくように感じて来たのであります。本部で私と相談する時がだんだん少なくなって、階下で強硬派の意見を聞く時間が多くなりました。私は幾度か林大将を階下から二階に連れ戻しました。ある時、私が林大将のいる階下の奥の間に入ろうとすると、その部屋の前の廊下に屈強の若者が四人立っていて、私の入室をさえぎります。君達は誰だといいますと憲兵だという。なにしに来たのかと聞くと護衛に来たという。そこで私を知っているかと訊ねますと知らないという。「私は組閣参謀長だ。その自分を知らないものは組閣本部の護衛に任ずる資格はない」と一喝し、やっと入室して林大将を階下から連れ出したこともありました。

素志を裏切られ無用のものとして決然大将と袂を分つ

明治中葉、わが国に内閣制度が設けられてから、今日まで数多くの内閣ができ、その都度組閣本部が組織されて、新内閣成立までの舞台裏工作が行われたわけですが、恐らく林内閣の組閣本部ほど険悪、陰惨な空気の満ち溢れていたものはなかったのじゃないかと想像しています。組閣本部には、もちろん制服、私服の警官が来ていました。それはいいとして、たのみもしない憲兵が私服で来て、出入りのものに監視の眼をむける。時には呼びとめて訊問までする。また暴力団かなにかわからないが、一くせのある顔つきの壮士のようなのがうろついている。不穏の風説が立つ。どこからともなく圧迫干渉の魔手が動いてくるような重圧感があって実に不愉快でありました。

もうそのころには、林大将の心境が、はじめとすっかり異り、陸相、海相ともに推薦のままを呑もうというように変化してしまったことはいうまでもありません。私は、これらの状態を報告かたがた平沼枢密院議長の意見を聞きたいと思い、組閣第三日目の朝早く西大久保の平沼邸を訪問しました。私は組閣参謀長となった時、新聞記者団と一つの約束をしました。それは組閣本部を出入りする際には五分間の会見をするということでした。組閣二日目の深夜、二時ごろでしたろう。今夜はもうなにもない、みんな寝ることにしようといって記者諸君と別れました。その払暁六時ごろ組閣本部を抜け出て平沼邸を訪問したというわけであります。八時ごろ帰ってくると新聞記者が詰めかけており、どこへ行ったのか、約束がちがうではないかと責められました。私は昨晩君らと約束した通り、宅へ帰って寝て来たのだといいますと承知しません。お宅は十重、二十重に包囲して蟻のはいでる隙間もないはずだ。そんなごまかしをいっても駄目だといって追及します。「人を馬鹿にしてはいけないよ。俺だって隠れ家の一軒ぐらい持っている。そこへ帰って休んで来たのだ。野暮な詮議だてはご免だ」といいましたら、みんながドッと笑ってお終いになりました。こんなことも一興でしょう。

三日目、幕僚会議の席上、私は林大将に向って、当初大命を拝した際、陛下に誓った組閣の基本方針は、これをまげないようにしたいということを繰りかえし提案しましたところ、組閣参謀の中には私の意見を支持する人もありましたが、ついに大将の容るるところとなりませんでした。そこで私はすでに組閣の使命が百八十度の転換をして日中親善提携でなく、対華強硬策がとられるようになったとすれば、もはや私ごときものは用のないもの、大将と同じ道を行ってこそ一蓮托生の閣僚となることもできるが、進路を全く異にするということになれば、もはや道連れとなるわけにはゆかない。したがって、私は商工大臣および鉄道大臣をお引受けする約束をしましたけれども、これは辞退いたしますと申上げました。林大将は、いまさらそのようなことをいわず入閣するようにと勧められましたが、私ははっきりとお断りいたしました。

しかし、私は林大将の組閣にははじめからお手伝いに来たのでありますから、最後までお力添えいたします。そして皆さんを親任式に送り出してから組閣本部を引上げるようにしたいと思います。こう申しましたところ、林大将は、どうしても入閣を辞退するというのであれば、いっそのこと組閣本部を引上げてもらった方がよいということでした。一月二十九日の深更から二月一日までの三日間、寝食を忘れて組閣に奔走いたしましたが、事志とちがい、林大将と意見を異にし、どうしても一致することが不可能となりましたので、私は無量の感慨を抱いて自宅に帰りました。

私の家は本郷弓町にありましたが、もと親戚の青山博士宅を譲りうけたもので、裏は青山博士邸に抜けられるようになっていたのです。そこでわが家の表から入り、裏口から青山邸に抜け、そのまま逃げだし、赤坂の友人宅へ隠れて、しばらく泊っておりました。なにしろ、林内閣の成立を目前にして、組閣参謀長であった私が、突然姿を消してしまったのですから、世間はこの不可思議なできごとについて異常な興味と関心があったらしく、いろいろのことがいわれたものです。新聞記者も私をつかまえて、林大将とのいきさつなどを聞きたかったらしい。しかし、私にしてみれば、組閣の枢機に参画し、途中で逃げだし、これまで自分のやって来たことや、林大将との談話内容などを外部に漏らすような不徳義なことはできません。組閣の手伝いをするものが、妨害をするようなことはできません。このことはあくまでも自分独りの胸の中にしまっておかねばならぬと決めていました。といって、新聞記者に会えば、うっかりつまらぬおしゃべりをしないとも限らない。そこで黙って姿をくらましたわけであります。

私はそういう行動をとりましたが、林大将の組閣大命拝受までの事実上の林大将の推薦者であり、同時にまた私を林大将に推薦した陸軍の一派の人々は、私が組閣本部を引上げたと聞くや直ちに会合して、林内閣に対する好意的態度を一変して、是々非々の態度を採ることを決定し、この旨林大将に申入れました。

林大将の組閣に関連し、私の行動が沈黙のうちに終末となりましたので、その当時はもちろん、あとあとまで非難され、とんでもないことまで臆測されました。友人の中にはすべてをぶちまけてしまえというものもありましたが、私は考えるところがあって、あえて弁明がましいことを申したことがありませんでした。

それからずっと後のことであります。東条内閣の当時、日米関係が次第に緊迫して遂に真珠湾の夜襲となりまして、このままに推移すれば、祖国の危機はいよいよ深刻になるばかり、なんとかして大局を誤らぬようにしたいと思いました。それには日米関係悪化の根本原因と見られる日中関係の調整、すなわち日華事変の根本解決をはかることが先決であると考え、中国南北の各地をまわり、重慶への道を探し求めたのであります。可能、不可能は別とし、事変解決の糸口でも見つけ得られれば、およばずながら国家のために奉公したいとの念願から出発したものであります。

北京、天津から南京にでて、上海に滞在している時、たまたま縁あって重慶政府首脳部と密接なつながりのある人物と秘かに会談することができました。ところが初対面であるにもかかわらず打ちとけていろいろの話をします。中国人は平生でも最初から打ちとけることがない。長い交際で家族的にも親しくなり、この人ならと信用するまでは警戒して腹をわるようなことをしない。いわんや、戦時中、日本人に会ったというだけでも誤解せられる危険性があるのに、そのようなことを少しも気にする様子もなく、虚心坦懐に語るのがむしろ不思議でもありました。そこで、私は「自分は日本人だし、ことに満州や華北で軍と一緒になって、いろいろ仕事もしておったので、自分と往来することにより、あなたにご迷惑をおかけすることがありやしないかと実は心配しています」と話したところ、「そのような心配は無用です。あなたのことはなんでもよく知っている。試みに聞いてごらんなさい。どのくらい知っているかよくわかりますよ」という。話の勢いから、私は林内閣の組閣本部を引上げたいきさつはどうかと質問したところ、私の行動を実によく知っていて逐一話されました。これには訊ねた私の方が驚いてしまいました。中国人は中国に関係のある日本人の個人個人について研究が行届いていると承知はしておりましたが、この時ばかりは全く驚嘆し、あわせて心から感服いたしました。中国人の考え方は、すべては人間である、人間が事業をし、外交をするのだ、人間関係を研究することが、基本であるとしているのであります。

学生義勇軍同志会の活動

国家国民に奉仕の精神をもって学生が自ら集まる

昭和のはじめころ、経済恐慌が世界各国を席捲しました。もちろんわが国もその渦にまきこまれ深刻な不況に見舞われました。都市も農村も不景気のドン底にたたきのめされて、それが社会のいろいろの面に影響を与えました。血なまぐさい暗殺事件が頻発し、またいくつかの不穏計画があったりして、世相は次第に険悪となり、人心もかなり動揺しておりました。そうした空気に掩われているうちに満州事変が起り、いわゆる非常時の時代に突入したのであります。たちまちにして国内の様相も変って参りました。革新改革を熱望する声が巷にみちておりました。

このような雰囲気の中に生れましたのが学生義勇軍運動であります。すなわち純真な農村青年、学生らは国家の難にジッとしていられなくなり、学業の余暇を利用し、自ら汗して資源を開発し、国家の発展にいささかなりとも寄与したいと希うものが出て来ました。憂国の至情が盛りあがって来たのであります。これが学生義勇軍であります。学生義勇軍は学生だけの自主的な運動でありますが、そのよき指導者、相談相手として茨城県内原に国民高等学校を経営していた加藤完二君を中心として、那須浩（駐インド大使）、石黒忠篤（参議院議員）、竹山祐太郎（元建設大臣）、松本重治（国際文化会館専務理事）、古野伊之助（元同盟通信社社長）、風見章（衆議院議員）君らがおり、昭和十二年加藤君を会長として学生義勇軍が創設されたのであります。

私は昭和十年の暮から三年間、興中公司社長として専ら中国で働いておりましたが、日華事変勃発後、北支那開発、中支那振興という二つの国策会社が創設され、興中公司従来の諸事業が全部この二つの会社に引継がれ、公司は発展的解消をし、私は肩の荷を下ろして、満鉄以来の長い大陸生活から帰ってまいりました。その時、私は過去数年間外に向って努力して来た自らの歩みが、果してわが歴史に鑑みて誤りがなかったか、わが経済の実情に照らして適当であったかどうかを静かに反省する要があると考え、まず日本歴史をもう一度読み直すことを計画し、子供らの休暇を利用し、友人達を誘い、天孫降臨のお道筋を振出しに、神武天皇東征のあとをたどり、大和、山城、紀伊、伊勢と、各地の史蹟を訪ね、歴史に明るい先生にお願いして説明もしていただき、多年外に向っていた思索を内に向け、また反省することとしました。そのころ内原で青年学生を訓練していた加藤君の道場を視察する機会を得、少なからぬ感激を覚えたのであります。

そんなことから、その後招かれて学生義勇軍の会合に数回出席し、その都度なにか話をさせられました。私は学生達に対し、自主的にものを考え、自発的に行動することの尊さを説き、日本の発展を期する道は真の自由主義に基調をおくべきであって、強制的に統制的に国民を引きずることは万やむを得ない場合に限るべきであることを強調しました。日常生活からすべてにわたって統制に慣れていた当時の学生達にとっては、まことに聞き慣れぬ言葉であり、奇異の感に打たれたものがかなりあったようであります。

縁というものは不思議なもので、この型はずれの話をした私が、やがて学生義勇軍の会長となり、全責任を引受けねばならぬようになったのであります。義勇軍の会長は昭和十四年加藤君に代って石黒忠篤君が就任しましたが、昭和十五年ころ石黒君が健康上の理由から農林大臣を辞任しました際、学生義勇軍の会長をもやめ、そのあとを私にやってくれということでした。はじめはその任でないと消極的でしたが、石黒君は学生達が非常に希望しているというし、義勇軍最初からの仲間であった江木文彦、武彦兄弟、岩井、大島、松岡君らの熱誠に動かされ遂に快諾いたしました。そして組織を若返らせたいという学生達の意をくみ、会長更迭を機会に旧義勇軍を解散し、新たに学生義勇軍同志会を結成することとし読売講堂で解散式、引きつづき結成式を挙行、私が会長になりました。大東亜戦争突入の年であります。

私は早速本郷弓町の自宅（現国鉄本郷寮）を毎週一日木曜日に家庭を開放、青年学生に自由に出入りしてもらうようにしました。木曜会といっていました。この会は専門学校以上の学生ならだれの紹介がなくてもよろしい、三十分でも、一時間でも暇のある時によってもらいたい、そしてなにか国のためになること、めいめいの考えていることを話してほしい、その考えの中で学生の力によってできることがあったら、またやることがよいと決まったら力をあわせてやりとげようというのが趣旨でした。段々木曜会のあることが知られてまいりますと、学生の数がふえて来まして、少ない時でも十数名、多い時には五、六十名も集まり、家中どの座敷も学生で一ぱいになって、立錐の余地もないということもありました。そして話がはずんで来れば、時間などお構いなしで、夜を徹して議論することもしばしばでした。真夜中になって、腹がへったからといって台所の隅々まで探し、なにか食べるものはないか、飲みものはないかと苦労したあげく、生の大根をかじったり、葡萄酒と間違えて醤油をのんで大騒ぎをしたという滑稽なこともありました。警察、憲兵隊などが、夜半に出入の学生が多いことや、騒がしいことや、また出入する青年の中には人相の悪いものもいるということで、疑惑の眼を向け、呼び出しをうけて、いろいろ聞かれたこともありました。

しかし学生達は真剣でした。互いに意見を交換し、真剣に国事を憂いている若い人々の頭から、いろいろの案がでてきました。また国内の各地で、いろいろの仕事をしました。それは全くの奉仕でした。ある仕事をやろうということになりますと、学生の名前で全国の各大学、専門学校の学生達に檄をとばし、こういう仕事に奉仕しようと思うので有志に参加してもらいたい、と勧誘する。それに応じて各学校から希望のものが申込んでくる。そしてすべて手弁当です。旅費も自弁で東京に集まってくる仕組でして、善意の寄付すら一切他人の援助をうけない。自らのポケットをはたき、自らの額に汗して自分自身を鍛錬し、国家国民に奉仕するのを原則としておりました。現場に参りましても、宿舎その他の施設があってもなくても、あるがままの状態に満足し、脇目もふらず、目的達成のために懸命の努力を傾けました。したがって、普通の労務者がいやがるようなところ、むずかしい仕事にもよろこんで出かけ、驚くほどの能率をあげて、どしどし片づけて行ったものです。金のためではない、物質のためではない、国家のために身を挺し、経済開発のために精進するとともに自らの身心を鍛錬するという気構えでしたから、労働奉仕といわないで、樺太訓練、滋賀訓練という言葉を使っていた位でありますから、自然働き方がちがいます。

戦争が次第に苛烈になり、応召者が相つぎ、学徒動員によって若い人達は多く戦線に出ました。自然労務者も少なくなり、一方労務者の需要はいよいよ多くなるという矛盾にぶつかりました。学生義勇軍の奉仕的労働は、こうした情勢の下に各地で歓迎され、また感謝されたことはいうまでもありません。そればかりでなく、その労働の成果が自然よそにも知られて義勇軍に来て働いてもらいたいという空気が高まって来たことも当然です。

苦しいこと、辛いことがどれだけあったかわかりません。しかもそのような時、誰一人不平をいうものもなく、よろこんで黙々と働きつづけておりました。純情無垢の青年学生にしてはじめてできることであると感激いたした次第であります。この奉仕の職場から召されて戦線に赴いたものが少なくありません。見送るもの、見送らるるもの、心中を察し、胸一杯になったことが幾度あったか知れません。これも戦時下日本の尊い思い出の一つであります。

荒蕪地の開墾・ダムの建設工事に異常の成果をあげる

私が会長を引受ける前のことはしばらくおき、会長になってから学生義勇軍がどのような働きをしたか、その二、三についてありのままを話したいと思います。

滋賀県庁の農地課長糸賀一雄君（わが国社会事業の最もすぐれた指導者の一人で現在近江学園園長）は学生義勇軍の関西支部長をしておりました。丁度、県で多賀神社の付近にある芹川にダムを作り、灌漑用水を開こうという計画をたて、県知事が県民に呼びかけ、勤労奉仕隊を募集しましたが一向に集まりません。そこで糸賀君を通じて学生義勇軍に依頼がありましたので、約三百人の学生が夏休みの一ヵ月をこのダム建設に奉仕することになりました。附近の小学校教室をかり、そこに荒蓆を敷き毛布にくるまって寝とまりし、未明から労働に従事しました。食事はもちろん学生が交代で当番をつとめました。

数日たってから、神社の鳥居際にあった小料理屋魚勝の主人が訪ねて来て、「学生さんの働く姿を見て、近くにいる私達がなにもしないでいるのに、遠くから来た学生さんが休みを返上して働くというのでは申訳ない。せめて食事のお世話だけでも手伝わせてもらいたい」というのです。私は、「義勇軍は学生達ででき得るだけのことをし、他からの援助は一切うけないという建前になっているから」と厚意を謝して断りました。ところが、「このダム計画は長い間かかっても少しも進行しない。私達はできるだけ早く完成してもらいたいと念願しているのです。それには炊事をやっている学生さんにも現場で働いてもらいたいと思うので、炊事だけは私に委せていただきたい」と誠意をこめての希望です。これでは断わるわけにもゆきません。私は炊事を魚勝主人に一任しました。するとその日から料理屋の表に当分休業の貼り紙をし、一家総出で炊事にかかり、専心協力をしてくれました。魚勝主人はこれが終ってからも、学生の真摯な労働に感激し、店の利益を貯蓄する一方、街頭に立って募金し、とうとう飛行機一機を献納しました。

滋賀県能登川町の乙女部落で排水溝を掘り、一毛作の湿地を二毛作ができるようにしたことがあります。はじめ部落一部の人がこれに反対し、学生が数日仕事にかかることができずに困りました。しかし、その間荒蕪地の開墾に全力をつくし、アッというまに数町歩の開墾をしてしまったのを見た部落の反対派は、掌を返すがごとくに快諾しました。さらに工事が完成し、引揚げを前にして小学校校庭で解散式を行いました際、さきに頑強に反対した人が是非謝罪したいからといって、壇上に立ち、学生や村民に対し、声涙ともに下る挨拶をしました。私は強い印象をうけ、いいようのない感銘を覚えました。この奉仕によってできた排水溝に「もくもく川」と命名、木柱を建てました。それは太公望の「嘿《もく》々《もく》昧《まい》々《まい》其《その》光《ひかり》 必《かならず》遠《とおし》」という句からとったものであります。

また滋賀県と福井県の県境に近いところに壬生村というのがあります。この村に約二十町歩の荒蕪地があり、県庁がその開墾計画をたてて村に相談しましたが、村では容易に承知しません。そこで糸賀君が同志社、大谷両大学の学生二名を同村に派遣、二学生は村会議員を歴訪しましたところ、二十八歳の青年議員が義勇軍の話に感激して、村会は必ずまとめるから学生さんの力で開墾してほしいといいました。その時も二百名の学生が行って荒蕪地を開きました。学生は日中汗みどろになって働き、夜は座談会を開いて気焔をはくのが常でした。ある夜老婆が来て、「この地は自分の若いころ立派な畑でした。それがいつのまにやら荒廃し、そのままになっていたのがいかにも残念でした。いま皆さんの力で昔のような立派な畑になりうれしく、ありがたくなんとお礼をいうてよいかわかりません。田舎ですからなにもできませんが、私はあちこち歩いてモチ米と砂糖を集めボタ餅を作って来ました。どうかたべて下さい」といい、重そうに背負っていたボタ餅を下して差出しました。

老婆の厚意と戦争中のことで甘いものに飢えていた学生達は久々の甘味に本当にうれしそうに舌鼓を打ちました。学生達がこの村を去る日は生憎の大雨でしたが、村中の農家から老若男女が殆ど総出のようにして見送ってくれたことも、忘れることができない風景でした。

相模湖のダム建設を手伝ったこともあります。なにしろ戦時中のことで、工事を非常に急ぎましたが、労働者を思うように集めることができず、集まった労働者がまた十分には働いてくれない。予定がはるかにおくれるといって神奈川県の近藤知事が苦慮しました。たまたま近藤君は、かねて義勇軍に関心を持っていましたので、私に「労働者がさっぱり働いてくれない。警察官が現場でむちをもって督励しているけれども、きき目がない。何かいい方法はないかしら」と相談をもちかけて来ました。それから直ちに全国学生に檄をとばし約三百名の学生を集めて、一夏ダム建設に協力しました。学生隊を普通の労働者の間にわりこませ、肩をならべて労働させたわけです。はじめは反感もあったでしょう。依然として能率をあげない。しかし、夏休みを犠牲にして奉仕的に働きに来ている学生が、黙々として懸命に働いている姿を見て、いつしか全労働者が心機一転したのでありましょう。まるで別人のように真面目に働くようになり、それからは急速に工事が進み、当初の懸念が解消して、期限内に工事の完成を見ることができました。この時六十幾つであった私も学生とともにモッコかつぎを十日間やりました。近藤知事は心からよろこんで感謝状をよこしました。

伊豆の天城山麓に明礬石《みょうばんせき》の鉱山があり、戦時中ボーキサイトの輸入が止ってしまいましたので、これを大がかりで掘ることになりました。労働者がもう不足していた時代ですので、約一千名ばかりの労働者のうち、三分の一が日本人、あとの三分の一が朝鮮人、さらに三分の一が中国人でした。もちろん、中国人は捕虜でありまず。能率は皆わるい。なにしろ食糧が足りませんので、不平満々です。それに労働者の国籍がちがっていて話も通じないし、気もあわない。全くのバラバラですから、成績があがるはずがありません。誰もかれも、これには手を焼きました。

私は東京の近くで異民族との協力体制ができぬようでは話にならぬし、なんとかして日鮮中三国人の協力体制を作り上げるようにして見たいというように考えました。それには純真な学生義勇軍の応援にまつにしかず、と学生達に事情を話し、その理解の下に協力してもらいました。流石に学生達が一般労働者にまじって働くようになってから、いろいろ変って来ました。言葉は通じなくとも、言動の微妙な点にも敏感であるのが中国人でして、ふてくされたように働かなかった中国人労働者が、学生達と仲よく働くようになって来たのも不思議でした。気持ちは自然に通じるものだ、ということをしみじみと感じました。

学生義勇軍の勤労奉仕について語ればきりがありません。あらゆる不自由に堪え、どんな困難にぶつかってもびくともしない不撓不屈の精神をもって、奉仕の労働に精進した学生の美しい姿はいつまでも私の脳裏から消えません。思い出しても、新しいできごとのように目の前に浮んで来ます。話していても興奮を覚えるほどであります。くどいようですが、もう一度大がかりな義勇軍の働きをきいてやって下さい。

樺太国境ツンドラ地帯の鉄道建設工事に挺身労働

樺太の北方ソ連との国境近くに向って鉄道線路を建設する工事は、場所がツンドラ地帯で、とど松、えぞ松等の太い根が縦横に網の目のように拡がっていて困難を極めました。終いには請負人が投げてしまい、樺太鉄道局長中原寿一郎君は、この難局をどうして打開しようかと苦慮していました。たまたま義勇軍が川崎埠頭駅までの軌道工事を驚くほどの成績で完了し、鉄道当局、請負会社等が驚嘆した事実を聞いた中原局長は、私になんとかしてもらえないかと相談して来ました。私も樺太まで学生を派遣し、そのような難事業を引受けることが果してよいかどうかに迷いました。そこで木曜会の議題として学生達にはかりましたところ、学生達はいともあっさりと快諾、中原局長と話合った結果、学生義勇軍五百名、樺太行きのことが決まりました。

鉄道当局は早速現地に学生収容の宿舎建設にとりかかりました。一方学生は全国の学校に連絡し、準備を進めました。その時、文部省から電話がかかり、会いたいというので、私が参りますと、文部省で学校外における学生の団体組織は禁止されているから、学生義勇軍に解散を命ずるというのです。私は

「義勇軍には規約もなく、会員もない。もちろん会費もない。集まったものが会員であるが、解散すれば東大の学生であり、早大生であり、慶大生である。学生でないのは私一人です。その私は会長であるが、以上のような次第で解散しろといわれても解散のしようがない。文部省が命令なさるならご自由にしていただくより方法がない」

と断りもせず、いうこともきかず、文部省がどうでて来るかと思って見ていました。

その中、全国から約二千名の応募学生が申込んで来ました。現地にはそれだけ収容する宿舎がありません。鉄道省が五百名分の宿舎をたててくれたので、これを

五百名にするため苦労しておりました時、文部省から二度目の呼び出しです。行って見ますと前回と態度も話もちがいます。文部省には学生勤労奉仕のための予算も、組織もある。学生義勇軍には金もなく組織もない。だが文部省にはない実体が学生義勇軍にある。この両者が一つになれば完全なものになると思うから合同に賛成してくれないか、そして樺太行奉仕隊の主催者を文部省としてくれないかというのです。私は

「義勇軍は学生の自主的運動であるから、学生の意向を聞いた上でなければ返事ができない」

といい、木曜会にはかりました。学生は「主催者の名義などは問題でない。われわれは勤労を通じて自らを練成し、あわせて国家国民に奉仕すれば満足なのです」と実にきれいなものでした。このようにして樺太行きは文部省主催ということになりました。二千名の希望者をようやくにして七百名に圧縮、学生は全国各地から旅費自弁で東京に集合、それから樺太までは特別列車で鉄道当局が送ってくれることになりました。昭和十七年七月のことです。出発前、上野駅近くの小学校で壮行会が催された席上、文部省社会局長が

「この樺太行きは文部省の主催で、学生義勇軍は解散を命じたので、もはや存在し

ない」

と挨拶しました。学生にはなんの意味か全く通じません。主催者を問題としない学生の心意気にくらべ、なんという馬鹿気た官僚的形式主義であるか、なんというくだらぬこだわり方であろう。

樺太に向って走る列車内で、学生名簿を学校別、科目別、年齢別に作成、三大隊にわけ、大隊毎に三個中隊に区分、各々大隊長、中隊長を選出しました。大部分の学生は、皆はじめて会ったものばかりですが、樺太につくまでには全く打ちとけて緊密な団体行動ができるようになっていました。現地には学生義勇軍第一大隊宿舎というような大看板がでている宿舎が用意されており、すぐに働けるようになっていました。学生側も工科、医科、農科というように各科の学生をそれぞれ適当に配分、直ちに仕事の段取りをつけ、到着して休む暇もなく、六尺近いツンドラ地帯に入り、厄介な伐根作業と取りくんだのであります。本職の土建業者が匙を投げたほどの難工事ですから、学生の労苦は尋常ではありません。にもかかわらず、愚痴一つこぼさず、未明から暗くなるまで激しい労働をつづけ、その上、夜は反省の座談会を開き、仕事のやり方について検討し、余裕があれば時局問題に関しても意見を交換するというように、奉仕と訓練とを徹底的に実行したのであります。しかも学生は奉仕ということを口にしたことがなく、訓練といっておりました。これに反して文部省から派遣された数名の係官は労働工程を監督するでもなく座談会に出て指導教育するでもない。十分な旅費手当をもらい、特別の宿舎にいて、あたかも避暑にでも来ているような有様で、主客転倒というか、まことに奇異な対照であったことは遺憾でした。

ある日、陸軍部隊の鈴木参謀長が私のところに来まして

「今樺太には約六十の労働奉仕隊が来てくれています。自分は毎日これらの巡閲をしていますが、どの奉仕隊よりも学生義勇軍が最も真剣に働いているのを見て、感激しました。特に昼間はげしい労働をした上、夜また座談会を開いて切磋琢磨している。自分は二日間学生と行動をともにし、座談会にも出席してまことに頼もしい青年学生であると胸を打たれました。そこでなにか不自由なものはないか、感謝の微意を表したいから遠慮なくいってほしいと申し出たが、学生諸君は食事その他満足で不自由はないといわれる。これじゃどうしてよいかわからない。なにか足りないものをいってもらいたい」と親切にいわれました。

「私は学生の希望はわからないが、自分は甘党だから甘いものがほしい、許されるなら甘いものを少し届けていただければ大変ありがたい」

と返事しました。参謀長は非常によろこんで、翌日から毎日大きな餡パンを七百個宛届けてくれました。

このようにして予期以上の成果をあげ、国境に向っての十三キロの鉄道工事が見事完成し、十一月の凍結以前に列車を通すことができたのであります。これで学生義勇軍の奉仕労働が一段落となりましたので、全員揃って大泊から連絡船にのりこみ、北海道の稚内へ向って出航しました。ところが、どこの国の潜航艇かわかりませんが、たちまち連絡船を見つけて追いかけて来ました。危うく難を免れて大泊へ引返し、また機をうかがって出てゆくと、またもや潜航艇に追いまわされて再び大泊へ避難、このスリルを三度経験し、四回目にやっと稚内につき、一同上陸を終った時はホッとしました。

昭和三十三年二月十四日、学生義勇軍の木曜会会場であった東京本郷弓町の私の旧宅（今の本郷寮）に訓練に参加した当時のメンバーが集まり、当時の鉄道局長中原君も参加してくれ、一夜の歓をつくしました。全国各地に散在していますし、いろいろの要務をもっている人が多いので、そう沢山は来られないであろうと思っていましたが、それでも二十七人の旧同志が、あちこちからよろこんでまいりました。当時のメンバーは戦時中多数応召いたしまして、大陸または南方戦線で尊い犠牲者となったものが少なくありません。しかし、現に社会各方面で活躍しているそのころの学生同志は、皆それぞれの職場で中堅以上の地位にあって、またそれぞれよき家庭の主人公となっております。当夜はつきない数々の思い出話に花が咲いて、本当に別れが惜しいほどでした。義勇軍というような名を聞いただけでも、今の若い人達はいやな感じをもたれるかも知れませんが、勤労を通じ自分の心身を鍛え、特に己れを無にして国家社会のために奉仕し、しかもその奉仕を奉仕と思わない精神は尊いものだ、と今も確信いたしております。

愛媛県西条市市長となる

教育問題を重視し反対を押しきり農工学校を創設

昭和二十年四月、愛媛県の八幡浜から宇和島までの鉄道が全通しました。そのころ大東亜戦争も最終段階に入り、沖縄諸島もアメリカ軍に占領され、東京はじめ全国諸都市が空襲をうけて悲惨を極めておりました。自然どこでも人手が足りず、猫の手でも借りたいと思っていた時であります。運輸省当局も折角の全通式に派遣するに適当の人がいないので、困ったあげく、部外の関係者にたのむこととなり、私に白羽の矢をたて、郷里の鉄道全通式だから、まげて行ってほしいとたのんで来ました。それよりさき、私は戦争に対する陸軍の考え方や、やり方について我慢のできぬものがありましたので、批判的意見をのべ、また多少いきすぎと思われるような倒閣運動にも関係しまして、そのため数回にわたって憲兵隊の取調べをうけ、家宅捜索もうけました。

かつ憲兵隊内部の友人から、「このような時期だし、またつかまるようなことが起った場合には、一服盛られる危険性が多分にある。だから、なるべく所在を明らかにして他意なきを示し、闇から闇に葬られるようなことのないよう注意してほしい」といわれていました。そこで運輸省から話がありましたのを幸いとし、よろこんで承諾、鉄道全通式に参列しました。

その機会に郷里西条市にまいりました。ところが、ちょうど西条市長が病気のために辞任し、後任難で弱りぬいていました。そこへ私が顔を出したものですから、いいところへ来たといわぬばかりに有力者が大勢来て

「名前だけでもいいから市長になってくれ、郷里のために骨折ってくれ」

と口説くのです。私も郷里のことではあり、決まった仕事も持っておらず、かつ憲兵隊の一件もあって、軍部からにらまれてもいましたので、隠れ蓑をきるつもりで市長になることを承知しました。それから半年もたたぬうちに終戦を迎え、引きつづき市長をつとめていましたが、占領軍の行政方針により、終戦前から市長であったものは、自発的に辞職するか、さもなければ追放ということになりましたので、二十一年の秋、西条市長を辞任しました。

初めて地方自治体に関係した私は、市長時代、教育と食糧増産の二つに重点をおいて努力しました。私はかねて学校教育が形式にとらわれ、人間を作るという本来の目的から逸脱し、型にはまった機械のような人間を作ることになっていたと感じていました。またそうしたことがわが国運に非常に大きな影響をおよぼしたのだというように考えていました。そこで無条件降伏という何人も想像もしていなかった終戦を、祖国再建の転機とするためには、まずこの教育の建直しをする必要があると覚悟いたしました。幸いにも占領軍の行政方針は、アメリカの自治体にならって、市長の権限を拡大し、教育および警察について、広汎な権限と自治の自由が与えられましたので、教育の刷新建直しを計画したのであります。

その第一着手として市内十三校の小中学校教員に呼びかけ、校長、教頭、一般教員を別々に集め、毎月一回会合することにし、さらに月一回全体会議を開き、市の教育方針樹立について話し合いました。私は教員諸君にこれまでの教育上最大の欠陥はなにか、なぜ日本がこのような戦争に突入し、今日の悲況を招くようになったか、という問題を提出し、数ヵ月研究した結果、上下ともに正直でなく、政府も国民も嘘をつき、互いにだましあっていたことが根本の原因であるとの結論に達しました。そこで私はわが西条市の教育の根本方針を正直な人、嘘をつかぬ人を作るということに決定いたしました。それから次に第二の課題として、然らばどうすれば正直な人間を作ることが出来るか、ということをテーマにして研究することといたしました。どうすれば正直な人間を作ることが出来るかという問題になりますと、これは第一の問題より一層むずかしく、容易に結論が出ない。そこで私は甲の校長はその自ら信ずるところによって教育してよい。乙の校長も自らの最善と信ずる方針通りやって差支えない。責任はすべて市長の私が負うから、思う存分の教育を実施してもらいたいと申しました。

その結果は興味のあるものでした。たとえば生徒に好きな教科書を選ばせる。社会科の教科書をどうするかという時に各種の書物を見せて自由に読ませ、互いに検討させるというやり方の学校もありました。また体操、遊戯の時間に、ある学校では先生が二、三本の竹竿を生徒に渡し、勝手に遊べといいましたところ、生徒は思い思いの遊び方をやり、先生などが到底考えもつかぬような面白い遊びに打ち興じたということもあります。そのように本を読んだり、遊んだり、勉強したりしているうちに自ずから生徒の特性が現われてきて、あるものは理科的なものに興味をもち、あるものはオトギ話のようなものを読みあさり、またあるものは非常に研究的な方面に進み、あるものは非常に統率の能力を発揮するというようになり、自然にリーダーが出て来ます。私はこのようにして選び出されたリーダーこそ、民主主義にふさわしい代表ではないかというように感じたのであります。

次に私は労働を尊重する習慣をつける必要があると考え、農工学校の設立を計画しました。市有林を輪伐すれば、原木の供給はいつまでもつづく。生徒に木を伐らせ、それを原料として家具等を作らせる。基礎学問を教える半面、森の中で、また工場内で働かせながら教える。同時に飛行場跡の空地を耕して農業実習をやらせ、あるいはまた校庭の空地を利用して野菜を作らせ、各自分配して家庭に持ち帰ることをも認めました。二十一年四月頃農工学校の計画をもって上京、文部省に許可申請をしましたところ、容易に受理してくれません。その理由は従来商工学校というものはあるが、農工学校というような例がないというのが一つ、それから四月開校には少なくとも二月中に許可されていなければならないのに、四月に申請してくるというようなことは時期的に間にあわない、というのが第二の理由でした。そしてとにかく調査研究もして見なければならないから、来年度にしてほしいというのです。

もちろん不受理の理由は二つながら合点がいきません。前例があるとかないとかいうことは問題でなく、よいことであるならば例がなくても差支えないはずです。

また農工学校設立の趣旨がよく、施設内容が他に比べて遜色のないよいものであったならば、直ちに許可して開校させるのが本当で、事柄はよいが手続きが遅れたから一年待てというのは、あまりにも杓子定規なお役所式だと思いました。そこで毎日のように文部省にかけあったのですが、埒があきません。とうとう、私は「許可なしでも学校を開きます。ただ目下占領軍の管理下にあるので、万一アメリカ当局から質問があったら、文部省の許可はないが、必要があるとの信念からやっていると率直に話すつもりです。その全責任は私が負いますが、占領軍から文部省へ問いあわせが来るかも知れませんので、予めお断りいたしておきます」と強くいい放ちました。文部省も困ったらしいが、協議の結果、仮免許をしてくれました。許可なしでもやるつもりでしたので、仮免許もとより結構と、それをもらい予定通り開校しました。その後、文部省の視学官が四国四県の視察に来て西条市にも立寄りました。私は市の教育方針を仔細に説明し、文部省は、あれをしてはいけない、こういう教科書は廃棄せよといいながら、こうしろ、この教科書をつかえというようなことは一向に示さない、やむなく私は私の信ずるところにしたがって、教育をやっていると申しました。その視学官が松山市で講評の際、各県とも教育は冬眠状態にあるけれども、ひとり西条市のみは眠っていない、動いている、その動きが正しいかどうかはまだ判定し得ないが、ともかく動いていることだけは確かである、といったということを聞き、視学官にもなにか感ずるものがあったのだろうと思いました。

食糧増産と取り組み、壮大な干拓事業計画着手に成功

西条市長として特に力を入れた第二の仕事は食糧増産でありました。西条市は四国山脈と瀬戸内海との間に横たわるまことに狭い平地であります。その四国山脈からは、あちらこちらから水が流れて多くの川となり、それが急に平地に落ちるようになっていますので、どの川もじきに氾濫して危険極まりない状態になるのが常でした。それがために美田が破壊せられることはいうまでもありませんが、さらに市民の生命財産まで脅かされる恐れが多分にありましたから、まずなにをおいても市内に流れこむ十一の河川について、専門的に検討し、どうすれば氾濫を未然に防止することができるかということを研究することにしました。昔、中国の禹《う》という名君が治水を治国の根本方針とした先例にならったわけです。しかしなんといっても人口僅か四万の小都市ですので、こうした計画をたてるような専門家、技術者がおりません。

そこで私は四国鉄道局に参りまして、事情を話し、外地から引揚げて来た職員の中でその方面の専門技術者数名を選んでもらい、それらの方に調査計画の立案を依頼したのであります。やがて計画ができましたので、それにしたがって各河川の河口を浚渫することになりました。それには浚渫した土砂をすてる場所をもたねばならぬのですが、適当の捨場がない。いろいろ考えたあげく、国道改修に使用してもらうこととし、県知事はじめ関係者を歴訪し、西、松山市の方から進んで来ていた国道改修工事の促進を依頼するとともに市青年団を動員して浚渫した土砂を道路敷地まで搬出してもらいました。これによって河川氾濫の危険は著しく減少し、一面それまで中止されていた国道の改修工事が進捗し、また市内を流れる各河川がきれいに掃除されたので、衛生美観の上からも大変好結果を得たのであります。

西条市の海岸は有名な遠浅で、沖合二里ほど艀でいかなければ、百五十トン程度の汽船にものれないのです。昔、私達東京への往来には、人力車で沖合一里位乗り出し、車を艀に横付けにしてこれに乗りうつったものです。戦争中、この海岸を埋めたて、工場を誘致しようと考え、同郷出身の山下汽船社長山下亀三郎氏に懇請し、山下汽船の傍系会社に、埋立完成後工事費を支払うという約束で引受けてもらったのでありますが、工事に必要なサンドポンプを全部軍に徴発されてしまったので、実現することができませんでした。そんなことから、終戦後工場誘致をあきらめ、海岸を干拓して農耕地を増加しようという新たな計画をたてました。最初の構想は、約三百町歩の干拓で、第一期八十町歩、第二期百町歩、第三期百二十町歩と、三段階にわけて計画しました。しかし、計画は立っても、この大事業を貧弱な市の財政でやることなどおよびもつきません。県にしたところで、これを取上げてくれる見込みはありませんでした。

私はやむなく一案を考え、住友の別子鉱業所の工事部（今日の別子建設）に工事費後払いで請負人になってくれるよう頼みこみました。住友は別子銅山の経営者で、その熔鉱炉からの煙毒が地方の農作物に甚大な被害を与え、しばしば賠償的補償金を出していたことは、人の知る通りであります。私は会社幹部と会って、よく事情を訴え、地方住民が食糧事情に困りぬいている際だから、この干拓事業に一肌ぬいでほしい、住友が請負ってくれれば、市の信用はともかくとして天下万民が信用する、そうなれば政府事業として取上げてもらうように運動するから、是非西条市との契約に調印してほしい、と懇請しましたところ、幸いにも快諾してくれました。

私はこの干拓計画と工事請負契約書とを持って上京、農林省当局と折衝しました。はじめは農林当局も本気になって聞いてもくれませんでしたが、私が熱心にくりかえし説明しましたところ、ようやく本格的に取上げてくれるようになりました。しかし、三百町歩の計画ではあまりにも莫大な資金がいる。第一期八十町歩でも数千万円かかる。だから、とりあえず第一期だけにしてはどうか、そうすれば必ず二期、三期の計画も国の事業としてやろうということでした。私は当初の計画を全面的に認めてくれるならば、最初第一期計画だけでも結構ということで諒承し、第一期の計画がその緒についたのであります。したがって引きつづき第二期工事に移るつもりで、堤防のごときも仮のものを作り、本格的な堤防築造はあとまわしにしました。私はその工事半ばで市長を辞めましたが、第二期以後の工事が中止になりそうだと後任市長が訴えて来ましたので、私も責任上、市長とともに農林省へ行き、第二期以降の計画を実行しなければ、第一期の既成地も全部波にさらわれて水泡に帰してしまうが、それでもよいのかと公約履行を強く迫り、とうとう三百町歩の当初計画が四百五十町歩に拡大し、農林省の直轄事業として進行することになりました。現在第二期分がほぼ完成、第一年度から一反当り五、六俵の収穫を得るという好成績を示しております。

西条は地下水に恵まれたところであります。一間か二間掘れば清水がこんこんと噴き出します。干拓には絶好の地で、恐らく全国でこれ以上の適地はないかと思います。能代湾の干拓は有名ですが、干拓地の塩抜きに非常な苦労をしております。数年間塩抜きができないので、収穫が殆んどないということです。これに反して西条市の場合、干拓完成後六、七尺の井戸を掘るだけで自然に塩抜きができ、その年から数俵の実収があるのであります。徳川時代、西条藩は高松藩から当主を迎え、親藩所領の地となりました。そこで米の生産をあげるため、かつまた遠浅を利用して干拓をやり、約三百町歩の新田造成をしたのであります。これが西条藩の宝庫となっておりましたが、この昔の干拓地は海から打ちよせる波で塩が浮き出し、収穫も減って困っていました。ところが私の計画した新しい干拓が完成するにしたがって、昔の干拓地もよくなって一躍非常な増産を見るようになったのであります。全く思いもよらぬ副産物でありました。

私の市長在任は僅か一年あまりにすぎません。しかも、戦争末期から戦後のいわゆる混乱期ともいうべきまことに困難な時代でありましたので、理想をたて、行政をやるようなことはできないで、その時々に直面する問題を適当に処理していくだけでも容易でなく、仲々思うように成果をあげることができませんでした。ただ教育の面に一つの新しい方向を示し得たことと、干拓計画の実施によって食糧増産の面にいささか貢献することができたことをもって慰めとしております。それにしても、郷里の人達はよく協力してくれました。名義だけでもいいからといわれて引受けた私も、さて市長になって見ると、そんな生やさしいものでなく、自ら先頭に立って働かねばならぬようになりましたが、関係者がそろって私を援助してくれましたので、この慣れぬ大役を無事にはたすことができたのであります。やはり郷里の人はありがたいと感謝しております。

しかし、一つだけ惜しいと思いますのは、折角設けました農工学校が、私の辞任後廃止されてしまったことであります。文部省に睨まれるのがつまらないということから、廃校になったようですが、将来の成果に期待していた私としては、いかにも残念に思われてならぬのであります。

社会事業と営利事業は両立

鉄道弘済会会長となり再建の使命達成に全職員と協力

昭和二十一年の春でした。市の要務で上京中の私のところに堀木鎌三《けんぞう》君が訪ねて来て、

「鉄道弘済会の経営がむずかしく、誰も進んで引受けるものがなく、あなたや私に責任者になってほしいということだが、弘済会の事業は御承知の通り特殊の事業であるのみならず、戦争のため瀕死の状態に陥っているので、従来の関係もあり、是非この際一つ奮発して引受けてもらえないでしょうか」

ということでした。もちろん、私にも自信はない。しかし、弘済会設立の趣旨からしても、事業の意義からいっても、現状を看過するわけにはゆかず、これを立派に育てあげ、社会のために大いに貢献せしめることは必要であると考えました。それ

に弘済会の生みの親ともいうべき堀木君も、私とともに会に入って、理事長として協力してくれるというし、西条市長は遠からず辞任することになってもいるので、遂に会長を引受け、堀木君に理事長になってもらいました。四月八日のことです。

実はそのころ、マッカーサー司令官の意向によって、戦時中から引きつづき自治体首長の職にあるものは、自発的に退任すべきであるというようになっていましたので、私も市長辞任を決意し、それまでやりかけていた仕事の目鼻をつけ、あとに迷惑をかけないようにつとめていました。そんなことから会長になりましたようなものの、はじめの間は滅多に東京で実務を見るわけにもいきませず、専ら堀木君に骨折ってもらったというわけです。西条市長を辞めたのが同年九月二十五日で、私は直ちに上京、弘済会のために本腰を入れるようになりました。

そもそも弘済会は、昭和七年二月、鉄道大臣床次竹二郎氏の出資五千円によって発足した財団法人で、社会福祉事業を行うことを目的としたものであります。なにしろ鉄道には危険な職場が多く、年々多数の殉職者、公傷者を出し、その遺族、公傷退職者の中には生活に困るものが沢山ありました。また国鉄は五十五歳で定年退職ということになっていましたが、二十年、三十年の長い年月、現場での激務に追われ、年中徹夜勤務をしたあげく、ようやく駅長、助役になって、さて退職となり、俄かに暇のある普通の市民生活に入ると身体に異状を来すものか、数年ならずして死んでしまうものが沢山あります。そうした例があまりにも多かったので、なんとか対策を考えてやらねば気の毒であるとし、堀木、片岡君らが心配して、本職にあった時のように忙しい仕事でなくても、適当の働き場を与えてやれば、健康上にも、生活上にもよいだろうということから奔走、設立されたものであります。いわば永年勤続退職者を救済するために生れたものでありまして、殉職者遺族、公傷退職者というような人々が、駅構内に店を持ったというのが第一歩でありました。出資五千円という僅かなものでしたが、はじめは駅構内の場所を無料で貸してもらったので、動き出すことができたわけです。それが次第に成長発展し、広く社会福祉事業をやるようになったのであります。

私は会の再建という使命を担うておりましたので、まず全国主要駅所の現場を視察し、職員の勤務ぶりを見、主任者から現況についての報告を聞き、財政確立のため、まず売店の売場倍増運動を展開したのであります。視察終了後、その所見をパンフレットにして全職員に配り、復興新建設のため清新の気をもって奮起するよう激励しました。今日の盛況に比べますと職員数も一千名程度で、どこでも手不足の状態でしたが、戦後すべてに不自由であったにもかかわらず、みなよく働いてくれました。財政的にも余裕がありませんでしたから、職員の待遇も他に比較して低く、理事といえども二万円程度であったでしょう。私も、堀木君も、はじめ無給でした。しかし、会長、理事長が無給では理事が困るというようなことから、しばらくして有給ということになり、私が四千円、堀木君が三千円の月給ということになったのです。これは私が会長を辞めるまでの二年間ずっとつづきました。

堀木君は弘済会創立の功労者であり、理事長になってからも日夜寝食を忘れて再建につとめ、しかも最初は無給、あとになって名義だけの給与をうけていたにすぎませんが、ある時、運輸省当局から辞めさせるようにといって来ました。その理由というのがおかしい。堀木は戦争中、鉄道総局長官時代に馬上指揮したことなどがあって、軍国主義者であるからいけないと労働組合が強くいっているというのであります。組合幹部がそういうことをいったからといっても辞めさせる理由にはならない。かつ、そのようなことで清廉有能の材を葬るわけにはいかない。そんな悪例は絶対に残したくないといって断りましたが、国鉄当局が組合と約束でもあったものか、くどくいいますので、それでは仕方がないから、私自身直接に労働組合幹部と会談し解決することにしました。そして

「弘済会は国鉄と密接な関係を持っているけれども、独立の機関ではないか。それ

だのに、たとえ、隣りの家だ、親戚だからといって、お前の女房の面が気にいらないから離縁しろといわれたらどうですか。あんた方はそうした時なんといいますか。そんな阿呆な話はない。私は筋の通らない話をきくわけには参りません。会長は大臣の任命だから大臣の自由にならざるを得ないが、理事長は会長の任命ということになっている。したがって、私が会長である以上堀木理事長は辞めさせない」とはっきりいってやりました。組合幹部もわかったのでしょう。別にうるさいことにもならずに会談を終りました。堀木君は私が会長を辞任して後も引きつづき理事長として留任、弘済会を今日のように発展せしめました。

さて会長就任後、私として特に研究せねばならなかったことは社会事業のあり方、社会事業家の心構えをどうすればよいかということでありました。というのは、それまで社会事業に関係したことがなく、知識経験が全くなかったからであります。そこで全国視察の際、主なる社会事業について、その物心両面の用意や施設を見、責任者の踏んで来た悪戦苦闘の歴史を聞かせてもらいました。その際、私の強く感じましたことは、社会事業を経営する上で、最も必要なことは、その心構えだということでした。およそ、いかなる事業でも、これを経営する人の精神が、その事業の消長に関係することはもちろんでありますが、特に社会事業の経営者は信仰がなくてはならぬ、人道主義というか、人間愛の精神がなくてはならぬと痛感しました。同時にまた恵まれない人を救済するといっても、ただ衣食住に不自由させないというだけでは救済にならない。人間は身体が不自由でないかぎり、なにかできる程度の仕事、職場がなければ適材適所といいますか、なにか適当の仕事を与えてやらなければ——小児、老人、病人は例外として——救済にはならない。すなわち社会事業というのは、万人に適当な職場を提供することが第一義であるということを悟りました。ところが、その時会った社会事業家の多くは、弘済会が社会事業をやる一方において営利事業をやるのはけしからぬ、社会事業と営利事業とは両立しないという考え方でした。しかし、私はこの両者は一致し得るし、また一致させなければならぬとし、経営に必要な資金はこれを外部からの寄付に仰ぎ、救済援護を必要とする向へこれを適当に配分するというがごときことは、社会事業でなく、営利事業が実質的な社会事業になるのが理想である。営利事業といえども今日は広く公共の福祉に関係する場合が多く、また公共事業もそれ自身企業性を発揮するよう運営せられなければ永続し得ないし、国家国民のためにならないのではないでしょうか。社会事業を営むものが、援護を要する人々に適当な営利事業の職場を与え得るなら、それこそ理想的だといわなければならないと考えます、と話したのですが、どうしても社会事業家達は納得してくれませんでした。この納得しないというところに弘済会に対する批判の根深いものがあるようですし、それが世間一般にも非常に拡がっているのじゃないでしょうか。

事実、弘済会は設立の当初から、社会福祉事業を行う財源を、自ら営む国鉄駅構内の売店、車窓販売、その他の事業上から得た利益に求め、しかも、これらの職場には老年で退職した人や、殉職者の遺家族や、公傷者や、その家族のような人々を多数包容しているのであって、それ自体立派な一社会事業というべきである。そうしてよそからの寄付とか、助成金をうけたということは一度もありません。これは他の社会福祉事業団体と全く異った特色を持つものということができるでしょう。そして、はじめのころは、専ら国鉄の殉職者遺族とか、公傷退職者とかいう特別関係者中、生活に困っているものを対象としていましたが、やがて収益が増加するにしたがい、次第に対象の範囲を拡げ、一般社会福祉に関する事業施設を次々に計画実施し社会一般の生活困窮者をも保護援助するようになってまいりました。ただ鉄道関係者への援護すら十分行渡らない現状でありますから、一般社会福祉事業に多くの力を注ぐことも、困難であるのみでなく、この種の社会事業はとかく目につきませんので、売店、その他の営利事業のみが、大衆に大きく映ります関係から、往々にして不当な非難や誤解をうけることがありますが、弘済会本来の姿をありのままに見てもらいたいといつも思っています。

煙草一箱・雑誌・新聞の利益も不幸な人のため活用

私と堀木君とが会長および理事長に就任すると同時に積極的経営に移る第一着手として駅売店の売上げを倍にする運動を取り上げました。正直のところ、会は財政的に危機に瀕し、職員の給料支払いにも苦労するという状態でありましたので、生ぬるいやり方ではこの難局を打開し得ないことは明瞭でありました。興亡浮沈の重大な関頭に立っていたわけであります。理事長以下幹部は極めて熱心に、また慎重に協議して計画目標を定め、全員が打って一丸となり、目的貫徹のため精魂を打ちこみました。その結果、予期以上の成果を収め、会の基礎強化に大きく役立ちました。

当時、私は現場長会議の席上

「倍増運動の意義は単に事業の収益を倍増するというのではない。社会に対してますます大きな奉仕をなし、祖国再建に寄与するためのものである。元来弘済会はその使命達成の手段として国鉄の背景の下に、全国に亘って売店経営という特権を与えられているのであるから、国鉄当局と密接な連絡をとり、親切を第一として旅客公衆の便益をはからねばならぬ。そしてよい品を安く売って満足してもらうように親切と誠意とをもって当らねばならない」と説き、特権の上に眠っていたり、甘えたり、おんぶされたりしていてはいけないし、国鉄の活動を援助する使命のあることを忘れてはならぬと強調しました。

さらに、世の中の大勢は、どんな営利事業でも、その事業の営利を追求するだけでは許されない傾向が強くなって来た。自分の利益を計ると同時に、社会公共の福祉を目的として仕事をするのでなければいけない。どのような仕事も社会に貢献し、国民大衆に福祉を与え、サービスを提供するという面がなければならぬようになって来ている。まして社会事業体である弘済会において特にしかりというべきで、国民から弘済会の人達はなるほどちがう、親切で誠心誠意旅客公衆のために尽してくれる、売店でも、立売でもさすがにちがうといわれるようにありたいものだと前提して、会の真使命は社会奉仕にあること、したがって職員は、各自がそれぞれの職場にあって自分のことと同様に会のこと、国のことを考え、すべての繁栄の基礎を作るように和衷協同の精神に一致努力してほしいと要望したのであります。売場収入の倍加することも必要であるが、より必要なことは事業を愛し、国を愛し、温い愛情をもって恵まれない人々に奉仕し、旅客公衆にサービスする精神であるというわけであります。

この精神を基として、会の運営をはかってこそ、初めて倍増運動はその成果を収めることができるし、社会福祉事業方面に手を拡げていくこともできるのです。売店などの収益業そのものも社会福祉事業であります。社会福祉事業と営利事業とを完全に一体化して、営利事業といわれている売店が、すなわち社会事業であるというのが、鉄道弘済会売店の特色であります。実際その従業員は多くは公傷者であったり、老年退職者であるのです。これらの人々に適当な職場を提供するからこそ、国鉄はこれを弘済会に委ねてあるわけであります。

弘済会の二十周年記念事業になにをやるかということが問題になった時、私はいろいろ考えた末、完全な義肢装具を作って気の毒な公傷した人達に利用してもらうことが、最も意義があるものと結論し、東京の義肢研究所を拡充し、大学の権威者にも協力を請い、工場の設備内容も改善し、その数もふやして、義肢ならば弘済会だといわれるだけのものにしました。そもそも身体障害者は軍関係を除けば鉄道関係者が最も多く、また義肢はその人のからだの状態によって一々ちがったものを作らなければならないのでありますから、機械による量産ができず、自然小規模の町工場で作られることとなり、したがってまた値段も高く、気安く注文もできないというところから、その救済のために弘済会の事業としてはじめられたものです。もちろん、最初は国鉄の公傷者にのみ作ってあげていたのですが、工場の能力も拡充され、会の財政にも多少余裕ができて来ましたから、工場数をふやしました。さらに身体障害者は旅行にも不自由ですから、各県に連絡し、適当の場所を選んで、年一回か二回、全国的に義肢班を巡回せしめ、修理販売をはじめました。技術もよく、実費同様の料金で、市価の三分の一に過ぎません。そして国鉄関係者のみでなく、至るところで非常に歓迎されました。そこで供給の範囲をひろげて、一般にだれにでも利用してもらうことといたしました。現に東京、大阪、広島、鳥栖、長崎、大分、松本、秋田、仙台、札幌等に義肢製作所があります。中でも大阪工場は敷地も広く、名実ともに日本一、その製品も技術的に進歩し、世界の一流品に遜色のないものと自負しております。

社会事業に経験の深い遊佐敏彦君に協力してもらうようになりましてから、義肢の事業も、児童福祉関係および授産事業、その他百般の社会事業に飛躍的進展がみられるようになりました。遊佐君は明治学院を出てから社会事業方面に挺身、一時内務省社会局時代、職業紹介事務にたずさわり、公共職業安定所の基礎を作りました。また三井更生事業団で救ライ事業にも関係、それから弘済会に入ったのです。会は早くから、身体障害者、要援護者に対し、授産および内職による生計援助を行う目的をもって、授産場を経営していましたが、戦後全国的にその数をまし、現に東京はじめ二十六都市に施設を持っております。その種目も洋裁、被服更生修理、焼下駄、わさび漬用樽、紙器、うちわ地紙、和傘、時計、家具、造花、玩具、刺繍等かなり広範にわたっています。

児童福祉に関する事業については特別関心を払い、薄幸不運な子供達のためにできるだけ多くの施設を設けています。明るい社会を建設するためには次代を背負う児童の健全な成長が大切であります。函館に母子寮、その他八都市に保育所を設け、不幸な人達を収容保護しております。また精神薄弱児、いわゆる忘れられた子らのために千葉県山武町に日向弘済学園があり、農耕作業の訓育を中心としております。この学園の創設に当っては、この方面の権威者であり、また最も経験に富む近江学園園長糸賀一雄君（元学生義勇軍関西支部長）の協力にまつところすこぶる多く、当初その指導精神から施設万端に至るまで殆んどすべて糸賀君の指示によりました。特にこの学園最初の園児は近江学園で集団訓練をうけ、農業実習をやった十二名を先駆として入園させ、農業指導員も同学園から来てもらい、困難な開墾事業からやりだしたのであります。日向杉の名できこえている杉林の峰がつづく丘の上にあるこの学園は、緑濃い樹林にかこまれ、空気も新鮮、風景もよく、教育環境としてまことに申分のない天恵をうけております。

また私がやめて後にできたのでありますが、よるべのない老人のためには東京弘済園があります。三鷹市に社会福祉法人として設けられ、常時百余名の要保護老人を世話しておりますが、第二期の拡張計画も進められているはずです。また旅行者の援護事業として、東京ほか十一駅に援護相談所、京都に宿泊所があります。そこには所員のほかに医師、看護婦も配置し、すべて無料で旅行者に奉仕しております。さらに育英事業として学費の貸付、厚生寮の経営、学校法人芝浦学園の助成もしています。これらの諸事業に要する費用は莫大であります。しかも弘済会は自主自立、一切他からの助力を請うことなく、事業からあげる収益をことごとく社会福祉事業にふりむけるようにしているのであります。

とかく社会福祉事業は、明るい社会のうらに当るところにいる人々を対象としているだけに目立つことがありません。またその事業の性質上、陰の働き、いわゆる縁の下の力持ちであるべきで、世の注目をひかないということがむしろ本当であるかも知れません。弘済会といえば、誰しも駅構内の売店、立売のことを想像するように表面の収益事業だけが大きく目に映りがちであります。どんな田舎の駅にいきましても、売店がありますし、国鉄を背景として独占的の商売をし、うまい汁でも吸っているように考えられる方があるかも知れませんが、決してそのようなものではなく、その売店の中で二五％は収支償わないのでありますが、赤字を忍んでも旅客公衆の便益のためと、要援護者への職場提供のため経営しているのであります。またその得たところの利益は、これを財源としていろいろの社会福祉事業に投入しているのであります。弘済会の売っているものは煙草一箱でも、雑誌一冊でも、一枚の新聞にしても、それからあがる僅かの利益はよるべのない老人のために、薄幸の子供のために、その他諸種の施設のために活用されているということを知ってもらいたいと思っています。

私の会長在任の期間はわずか二年でしたし、再建の苦しい時代でしたので、なにもかも思うようにはいきませんでした。しかし、この間終始恵まれない人々への温い愛情と社会奉仕の精神を一貫して鼓吹して来ました。これは今日でも弘済会の指導精神であり、全生命でもあります。しかし、これら諸事業を遂行してまいりますには、あくまでも国民一般の理解ある協力にまたねば所詮不可能であります。冗長をいとわずいろいろ申上げたゆえんも、弘済会本来の使命、意義をよく認識していただきたいという微衷にほかなりません。

戦後の経済復興に力を注ぐ

保温折衷式苗代の普及をはかり食糧増産の成果みのる

私は終戦の直後、廃墟のような東京の一角に立って、日本の歴史はじまって以来、想像だにできなかった無条件降伏の冷厳な事実に涙するとともに、たまたま生を全うしたものの責任として、禍を転じて福となし、祖国復興のために献身せねばならないと決心しました。その時ふと思いだしたのが戦時中聞いた満州重工業総裁高碕達之助氏の演説中の一節でありました。確か昭和十九年ごろと思いますが、高碕氏が上京の際、外交協会で講演しました。その中で、「世界開拓史において、最も敏速かつ能率的であったのはアメリカ大陸の開発であるが、そのアメリカよりさらに一段と能率的だったのが、日本人が満州でやった開拓である。満州では毎日十六キロの幅で南から北へ開墾が進められた。このような世界に類例のないレコード破りの成績をあげることができたのは、満州における満鉄の経済調査と研究の成果に負うところが非常に大きいと信じている」といわれた点であります。またアメリカにも経済発展協会というものがあって、社会経済上の諸問題に関し、何等捉われるところなく、極めて自由に意見を発表し、討議し、批評しあう機関が幾つか出来ていて、それが経済の発展向上に大きな貢献をしつつあるということを聞いておりました。

そこで、戦争のため荒廃したわが国の経済復興をはかるため、また国民のけっ起を促し、総意を結集するためにも、いろいろの職業を持っている種々の階層の人が自由に意見をのべ、互に批評しあう機会を作りたいと考えたのであります。同じ志を持って戦後の経済復興について心配しておられた塚本小一郎、平野義太郎、松本重治君らが相談した結果、日本経済復興協会を設立することになりました。すると私に会長になるようにというのです。私は従来どちらかといえば、外でばかり働いていて国内の問題についての経験と知識に乏しいので辞退したのですが、二度、三度すすめられましたし、満鉄時代経済調査会の仕事を引受けていた関係もあり、かつ特別に関心をもっていましたところから、快諾するようになったのであります。協会は、昭和二十一年に設立、若林毅一君が当座の所要経費を負担してくれましたので、すらすらと好調にすべり出しました。一年後に会員組織に改組し、今日に至るまで十余年間、千数百の不動の会員を擁して、時々の重要な問題につき意見を発表し、解説を加えて来ました。こういう協会が多数会員の支援によるとはいえ、ともかくも存続して来ましたゆえんは、専務理事に塚本小一郎、木内信胤、武村忠雄君らが相ついで就任、理事に松本重治、牛場友彦、西村光夫、太田静男、山田忠義、安得三、川島甚兵衛、岡崎真一、加田哲二、松方義三郎、田中弥之助、藤山愛一郎君らがなって皆熱心に努力してくれたからに外なりません。

協会では各方面の権威者を招聘し、その専門に関する話をよく聞きましたが、ある時、コロイド研究の大家である東大寺尾博士の講演を聞きました。その要旨は、日本経済は、その国柄から原料資源に乏しく、人的資源が比較的多いという関係で、原料を使うことが少なく、生産価値の高い化学工業が将来国民を養う根幹になるだろう。そして化学工業のうち、たとえば硫酸アンモニアのごとき二つ以上の物質を化合せしめて、これを生産に利用する種類の工業もあるが、物質をコロイド状態にして微分子に分離することによって効用を増さしめる性質の事業もある。前の事業は相当発展しているが、あとの事業はわが国ではまだ幼稚の段階にある。しかし、これからこの方面の事業を大いに発展せしめなければならないというのでありました。

たまたまそのころ軽井沢の一篤農家が、食糧増産の研究をして来た結果、増産には第一に健康な苗を育成することが必要であるとし、普通籾蒔きから四週間乃至五週間苗代で苗を育てる従来の方法をかえて、前半を陸苗代にし、後半を水苗代にしたところ、苗が非常に丈夫に育ち、病気にかからず、虫がつかないということを発見しました。この篤農家の貴重な経験を学問的に、技術的に研究した人があります。農林省の近藤頼己博士でありまます。近藤博士はこの篤農家の経験を高く評価し、これを広く普及しようと努めましたが、農林省内はもちろん、農家一般においても、この方法を容易に採用しようとはしなかったのであります。この方法というのは、陸苗代の間は苗代に水を一切やらず、籾を蒔いた上に油紙をかぶせ、苗の芽が五センチか六センチに伸び、油紙を少しもち上げて来たところ、油紙をとって水をやる。そうすると水苗代と陸苗代の利点をともにとって丈夫な苗ができるのです。

近藤博士は、この話をして、これを普及するにつき、応援を求められました。そこで田村羊三、大島敏夫、松岡巖、布施和夫君らとはかり、応援団体として資本金百万円のニコロ社（日本コロイド社の略）を設立しました。それはその油紙に金がかかるから農家は容易に実行しないのと、またどういう紙を使うのがよいか、どういう油がよいか、さらにその油のしき方が相当むずかしい。というのは油紙を通して十分に光線を吸収し、あわせて保温せねばならぬからであります。これらを研究の結果、亜麻仁油をコロイド状態にして和紙にしくことが最もよいということがわかったのであります。

その研究の結果を取り入れて油紙を作り、農家に供給しようという会社です。この会社はまことに風変りな会社で、社長以下全社員とも無給。生活費はよそでかせぎ、働くだけはこの会社で働いてもらう。そして儲けたら分配しようという話合いでした。東畑精一博士の主宰する農業技術研究所でいろいろ検討してくれ、この篤農家の発明による苗代を保温折衷式苗代と名づけ、その方法を技術的に詳しく解説したパンフレットを作って貰い、これを広く農家に配布しました。この折衷式苗代がことに効果のあるのは寒冷地帯です。わが国の米作地は全国約三百万町歩ありますが、その中約百万町歩が寒冷地帯でありますので、その影響が少なくありません。近藤博士が上諏訪に設けられた農林省の特殊農事試験場で実験した結果、寒冷地でこの方法によれば、大体一町歩で八石の増収が確実であるということが証明されたのであります。この数字を基礎とすれば百万町歩で八百万石の増産となります。なおこの方法によれば、稲の成熟が二週間ばかり早くなり、台風の被害を少なくします。この利益は非常に大きい。そうしますと、全国の生産高を七千万石として一割以上の増産ができるというわけであります。そこでこの方法の普及につとめ、農民の啓蒙宣伝に大童《おおわらわ》となったのであります。一方、川越の工場で小田原製紙の納入する和紙に亜麻仁油をコロイド状態にして塗布し、その製品を寒冷地の農業協同組合に送ったのであります。

しかし、一般農家は極めて保守的でありますから、保温折衷式苗代の有利なことを聞かされても、伝統的なやり方を容易に改めるものでありません。これが普及するようになったのは、冷害で在来の苗代でやった田は甚しい損害を蒙ったが、新苗代によった分は助かったのと、台風で普通の田はエライ傷害を受けたが、新苗代によったものは実りが約十五日位早いため損害が少なかったからであります。それにも増して農家を刺激したのは、政府の補助金でした。すなわち衆参両院議員に働きかけて理解を請い、政府から補助金を出してもらうように運動し、東畑農林次官、寺尾博士、北条秀一参議院議員らの熱心な援助により、昭和二十三年度八千九百万円の補助を得ました。なにしろ農民は伝来の農法を守って、新しいやり方に変えるということを容易にいたしません。いかによいといっても信用しないのが普通です。それだけに宣伝勧誘には力を入れました。やがて全国的にアンケートを発して調査しますと確かに成績がよろしい。政府に対して補助金申請をした際には、一町歩五石の増収と書きましたが、実収からすれば八石以上の増収が確実でありました。中国から引揚げたある俄か百姓が、山形県でパンフレットをお手本に耕作しはじめたところ、一般農民から、そんなことをして無収穫に終ったらどうするのだといわれたそうですが、その年冷害を蒙って東北一帯が非常に困ったにもかかわらず、この保温折衷式苗代を実施した俄か百姓のところはなんの被害もなく、大変な増産であったという結果を生みました。その結果、この俄か百姓が一躍村中の農家から指導をたのまれるという奇現象までありました。

戦後疲弊しきって正に瀕死の状態にあったわが国経済の上において、食糧問題は最も重大な課題の一つでありました。私達ははからずも食糧増産の一役を買い、しかも、それがよき結実を得て、日本経済復興の一助となったことを心から感謝しております。このため三十三年十二月十二日私は全農協、全購農共催、農林省協賛の保温折衷式苗代実施十年記念式典に招待の光栄に浴しました。けだしこの新方式が四年連続豊作の原因の一つになっているからでありましょう。

信念の国手、真鍋嘉一郎氏

博士にならない同盟の主唱者として素志を貫く

私が西条中学を出て一高入学を志し、はじめて東京についた時から、なにかとお世話になった先輩に当時医科大学の学生であった故真鍋嘉一郎先生がありました。先生は松山中学の出身で、確か私より六、七年の先輩であったでしょう。郷里から上京して来た学生の面倒をよく見ていました。そんなことから私も真先にご厄介になり、いろいろ指導をうけたばかりでなく、世の中に出てからも、接触する機会が多く、教えられることが沢山ありました。

真鍋先生といえば、第一流の医学者でありながら、とうとう医学博士にならず、医学士のまま東大の教授になった異例の存在として著名でした。世間一般では非常な変りものとして通っていましたが、博士にならずに博士以上の実力、声望を持っていたところから、そのように見られていたわけで、変りものでもなんでもなく、医学者的良心の強い、しかも人情味豊かな立派な人でした。ただ、なぜ終生博士にならなかったかについては、こんな事情があったのであります。

先生は大正のはじめころ、ドイツに留学していました。当時、医学を専攻しているものは、主としてドイツに留学していましたので、相当数の日本人留学生がおりました。先生がドイツに留学して、まず感激したことは、研究室内におけるよりも、むしろ臨床に重きをおいているということでした。これとは反対に、わが留学生の多くが臨床医学より基礎医学というか、学位論文の資料を得るということに主目的がおかれ、どうして病人を治療するかということを、どちらかといえばおろそかにしているように感じました。学位をとるのもよろしい。基礎医学に専心するのもよい。しかし、医者になる以上、やはり病人をなおしてやるということを第一に心がくべきであると考えるとともに、そうしたことも、とかく皆が一日も早く博士になりたがることから出発するのだと思い、一つ博士にならない同盟を作ろうではないかと、留学生達に提唱したのであります。そして多数の共鳴者を得ました。

その同盟者の中に真鍋先生の親友豊住秀人氏がおりました。非常に真面目な学究的な人でして、自費をもって再度留学しましたが、過度の勉強をしたため神経衰弱になって帰国しました。ところが、出発前に住んでいた祖先伝来の大きな屋敷が、いつのまにやら売り払われてたった一人の母親は小さな家に移転して、かれを迎えたのであります。母親は豊住氏の留学費用調達に苦労し、親戚から借金したのでは、息子が錦をきて帰って来ても、頭があがらないようなことになる。それではかわいそうだというわけで、家屋敷を売って学費を送りつづけたのであります。豊住氏はこの母親のありがたい情けを知り、そんなこともわからずに二度もドイツに留学し、いろいろ心配をかけて済まなかったと、親孝行であっただけに後悔し、そのことから病勢がいよいよつのりました。母親が大変心配し、東京を離れて静かな刺激の少ないところでしばらく保養させようと、鵠沼の東屋旅館に送りこみました。しかし、転地保養は全く駄目で、却って病勢をわるくしました。宿でも絶えず特別に注意して見回るようにしていましたが、一、二度自殺を企て、その都度、女中がご免下さいと入ってきたので未遂に終りました。家人がおどろいて鵠沼から東京に連れもどす途中、品川駅で上下列車行きちがいの時、あっというまに線路に飛びこみ、とうとう自殺をしてしまいました。

愛息にすべての希望をかけていた母親の悲嘆は見るに堪えぬものがありました。豊住氏の友人達は、悲痛のドン底につきおとされた母親をなんとかして慰めてあげたいと話しあい、その結果、生前の論文をとりまとめ、生前すでに学位論文として提出してあったことにし、博士号をもらって、せめてもの慰めにしてもらおうということになりました。時の文相岡田良平氏も詳しい事情を聞いて心から同情し、かつ論文内容も立派であるところから、これを諒承してくれました。ところが、ここに思いもよらぬ難関があったのです。というのは学位の審査をする大学の教授会を通過させねばならなかったわけですが、それには当時青山内科の助教授であった真鍋先生の同意と尽力をまず得なければなりませんでした。そこで友人達が真鍋先生に会い、まげて同意してほしいと懇請しましたが、どうしてもウンといってくれません。

ドイツ留学時代、博士にならない同盟に参加した数多い人々の中、病院を開くについて博士の肩書がないと都合がわるいからといって逃げたものもあり、大学の教授になるため絶対に学位が必要だから脱退したいといって去ったものがあるというように、段々と数が少なくなった時、豊住氏だけは十二分の学殖を持ちながら、最後まで頑張ろうと真鍋先生とかたい約束をしておったのであります。

このゆえにこそ、真鍋先生はかたくなといわれるほどの強さで不同意の主張を変えませんでした。友情のありがたさもよくわかり、ましてや薄幸の母親の心中をやまやま察しておりながらも、親友が心に誓っていた素志に背いて、生前学位論文を提出したというやり方をとることは、あまりにも故人の意思を無視し、人格を傷つけるものだといって反対したのであります。そこで先生は豊住氏の母親を訪ねて、ドイツにおいて博士にならない同盟を結んだこと、故人がいかに熱心な主張者であったかということを詳しくのべるとともに、かりに博士にならなくても、故人は博士以上の業績をのこしているので、学界では高く評価していると説明し、故人の意思をあくまで生かしてあげてほしいと懇請しましたところ、流石にエライ母親だけに快くこれを承知し、博士問題は無事に解決しました。

その後、大正十五年真鍋先生は東京大学の教授になり、物療内科の講座を開くことになりました。ところが先生は依然医学士のままで博士ではありません。助教授、助手達が皆博士で、その頂点に立つ教授が博士でないというのも困りますし、学位論文審査の役柄からいっても具合が悪いし、伝統を重んずる大学の権威からしても、教授になる以上、博士にだけはなってもらいたいと大学当局が考えたのも当然でありましょう。そこで恩師である近藤次繁博士ほか一名はわざわざ先生を訪れ、大学が困るからまげて論文を提出し、学位をとってほしいと懇請しました。しかし、先生は恩師のありがたいあたたかい気持ちに感激しながらも、とうとう素志を翻すことをしませんでした。その時、はじめてドイツ留学以来の博士にならない同盟ならびに豊住氏逝去後の経緯を語って、恩師の諒解を願ったということであります。

この真鍋先生が、国鉄の医療厚生の仕事には、特に熱心に尽力してくれたのでありま す。今の中央鉄道病院が設立せられた当時、日本第一の立派な病院であったことも、真鍋先生に負うところ大であるといわなくてはなりません。現在の木口院長は先生のお弟子であります。

真鍋先生が生涯博士にならなかった事情はこのようなことであって、世にいう変りものどころか、信念の強い、情誼に厚い真面目そのものの立派な国手であったのです。一面非常に親切な人で、郷党出身の青年学生は進んで先生をたより、先生はよく指導してくれていましたが、大学卒業期が近づくにつれ、忙しくてとても直接面倒が見きれないので、私にその代りをやるようにといわれたのであります。私も尊敬している先輩からの命令ですし、よろこんでそのあとを引受けたのであります。

大八車で夜逃げのあと始末

西条学舎から東予学舎設立まで半生の育英事業

そのころ東京には、愛媛県出身学生のために旧宇和島藩の明倫館、旧松山藩の常盤舎という寄宿舎がありましたが、旧西条藩は三万石の小藩でしたから、出身学生の数も少なく、宿舎などありませんでした。しかし、学生が段々ふえて来て宿舎の必要を感じて来ましたので、大正のはじめに牛込のある民家を借り、数名の学生を収容し得る仮の宿舎を設けました。食事の世話をするものだけで、舎監はおく余裕がありませんでした。私が真鍋先生から命ぜられ、外にいて監督していたのですが、一年あまりたつとどうしたわけか、学生が皆夜逃げをしてしまいました。私はやむなく大八車をひっぱってゆき、家の整理をして鍋釜まで集めのせ、牛込から小石川原町のわが家までひいて来ました。監督は小使兼務でした。

そこで、これではいけない、どうにかして寄宿舎を作らなければいけないと関係者が旧西条藩主松平家に集まって協議し、旧藩関係出身学生のための育英事業として新たに寄宿舎を建設することに決りました。その時、先輩の愛久沢直哉、大倉粂馬両氏らから、寄宿舎の必要は認めるし、新築資金も引受けるが、牛込のような醜態をくりかえさないよう責任をもつ舎監がいなければいけないといわれ、責任者として私が指名をうけました。

早速大塚坂下町の護国寺うらの新開地に敷地を物色しました。資金は大倉粂馬氏から一年の期限で一万五千円融通を受け、一年間に寄付金を募集して返金する、万一募金が出来ないときは、事情の如何を問わず家を明け渡すという約束が成立しました。これで約二十名を収容できる寄宿舎とその隣りに小さな舎監の家を建てました。私達は在京在郷の先輩有志を歴訪し、一年間に五万数千円の寄付を集め、大倉氏に返金したのこり約四万円を基金にいたしました。これが西条学舎であります。

さて立派な西条学舎ができたので、しっかりした舎風を作らねばならぬと考え、入舎生の選衡をきびしくしくしました。金持ちの道楽息子や、不勉強の学生は断りました。そのため苦学生が自然多くなり、学費の心配をしてやらねばならぬようになりました。大勢の学生を預っていると仲々面倒なものです。学費の世話をしてあげた一橋高商の学生が、試験に失敗したのを苦にして自殺した時には弱りました。病気のために休学し、入院費用がないのを工面してやったこともあります。養子先の娘と仲違いをして学費が途絶えたので心配してほしいといって来たものもあります。私は一日に少なくとも朝晩二回全舎生と顔をあわすようにしていましたが、顔色や動作で、なにか学生が心の中に悩みをもっていると、私はすぐにピンと感ずるようになりました。その悩みの解決ができるよう相談にのってやったものです。妻は特に家庭を離れて遠く東京に勉強しに来ている学生達に同情し、時々舎監の宅に招いてお茶をいれ、煎餅をかじりながら、雑談をしているうちにいつしか打ちとけ、むずかしい悩みも容易に訴えられるようになりました。また妻が買物の時など、暇な学生は散歩かたがた一緒に出かけ、大根を下げて戻るとか、子供を背負うてくれるというように全く家庭的雰囲気ができてきました。

また春秋二回一泊旅行をやりました。もちろん学生のレクリエーションですが、私の家族も揃っていつも同行しました。費用は私が工面し、学生には負担させませんでした。一家団欒の旅でした。こうして家族的親しみをまし、学生と私達との間になんの障壁も、遠慮もなくなりました。西条学舎を出て、サラリーマンになった人達は、私が薄給の身をもってよく学生の面倒が見られるものだと、身にひきくらべ不思議に思っていたようであります。小遣いがない時に借りに来れば、妻が快く貸してやるし、学費の心配もしてやる、旅行には連れてゆく、そんな金がどうしてあるのかと驚いていたようです。そういう費用は大体私の友人松橋良平君から出ていました。松橋君は証券界で成功して巨富を得、育英事業に使ってもらいたいと寄付してくれました。私はその浄財を意義あらしめようとして学生達のために使っていたのであります。のち私が刑事事件の嫌疑をうけた一つの理由に、松橋君のこうした義挙に誤解の種があったのですが、公判でようやくはっきりした真相がわかりました。

私は昭和のはじめまで引きつづき西条学舎の舎監をつとめ、同期の鈴木安一君にあとを譲りました。ところが戦争中、強制疎開をうけて学生が全部引越したあと、空襲で学舎は焼失しました。また四万円の基金は、安全で比較的利回りのよかった満鉄株に投資していたのですっかり駄目になりました。そのためにとうとう西条学舎はなくなってしまいました。

戦後、谷崎準二郎君が西条学舎出身の人々を集めて、学舎の復興についていろいろ協議いたしました。今度は従来のように旧藩関係だけでやらないでやや範囲を拡げ、東予全般の出身学生を世話することにしようではないかということになり、東予育英会を作り、東予学舎という名の宿舎を建てることになりました。愛媛県を三つに分け、今治以東の出身者を収容することとし、規模も西条学舎よりか大きくして五十名程度収容できるように計画しました。その建築資金を募集することは、時が時だけに大変でして、私もそのため幾度か関西から四国、九州地方に出かけ、郷土出身の有志を口説きまわりました。そのうち関係者の熱心な尽力によって世田谷の元輜重兵《しちょうへい》学校あとの土地を譲りうけました。南予の明倫館も中予の常盤舎も相次いで再建しました。愛媛県当局も育英事業の重要性を認め、三学寮に対し、二百万円宛の補助金を出してくれました。これに篤志家からの寄付金を加え、東予学舎の再建ができたのは大きな喜びでした。私は推されて東予育英会の会長となりましたが、国鉄総裁を拝命したのを機会に退き、農林省出身の村上竜太郎君に代ってもらいました。

西条学舎から東予学舎になった今日まで、この学舎に籍をおき学窓を出たものの数は百名以上に達しており、社会各方面でそれぞれ活躍しております。西条市長文野俊一郎、医学博士日野寿一、日本皮革社長伊藤保人、前日本無線社長河野広水、鉄道弘済会四国支部長井上禎一、米国ハーバード大学歯科医博真鍋満太君らをはじめとして少なからぬ人材が出ています。学生のころいたずらもので仕方のなかったものや、大しくじりの話題をのこしたようなものが、勤勉実直の人となり、学者として、実業家として、立派な社会人として、現に実社会においても重きをなしているのを見るにつけ、しみじみと育英事業の尊さ、偉大さを感じます。しかも、これらよき先輩のあとをついで、幾多の俊秀が郷土をあとに東京に出て、この歴史と伝統に輝く東予学舎に身をよせております。范仲淹の「天下ノ楽ニオクレテ楽シム」という言葉はけだし教育育英に関与するものの心境をそのまま表示したものということができるのではないでしょうか。

ネール首相にほめられた国鉄

すぐれた日本の技術を北陸線の交流電化成功で立証

インドのネール首相が国賓としてわが国に来訪され、朝野の人々と隔意のない意見の交換を行い、わが自然の秋にも親しまれ、微笑を浮べてインドへ帰られたことは、わが国とインドとの友好、両国民の親善関係増進に大きくプラスしたこと疑いを入れません。公式的には、滞日中、岸首相、藤山外相としばしば会談し、核実験停止をふくむ軍縮問題および両国間の経済協力推進という二点に重点をおく共同コミュニケを発表、日本とインドとの友好を厚くし、政治的、経済的に将来協力関係を一段と緊密にする素地を作りました。しかし、その表向きの成果とは別にネール首相のわが国民にのこした印象の数々に忘れられないものが少なくありません。

ネール首相が、現在の世界において稀に見る思想豊かな政治家であり、どこか哲人的風格を持ちながら、また実際政治家としても卓越した人であることはよく知られております。家格の高い旧家に生れ、ロンドンで最高の教育をうけ、祖国の革命運動に挺身して幾度か牢獄の苦悩を体験し、遂に宿願の独立をとげ、インド国民の絶対信頼をうけて最高指導者となった半生の歴史は、高く評価せられるのが当然でしょう。しかも、その血のにじむような苦労の中から、いかにもやわらかい、なんとなく温い、しかして大衆に敬愛せられる人格が生れて来ているのも、誠実と人間愛の天性に不断の努力が加わってのことでありましょう。

滞在十日の短い間にあるいは広島に原爆被災の霊を弔い、あるいは上野動物園に八年前日本の子供達へ寄贈されたインド産の象、インジーラ嬢を訪う等、そのたゆまざる行動は人々に深い感銘を与えたようです。いたるところ熱誠溢れる歓迎の大衆に、ネール首相も驚いていたようですが、純情な国民感情そのままがかもしだした雰囲気でもあったでしょう。一日箱根へゆかれた時、接待係りが自動車での往復をすすめましたところ、日本の鉄道は世界一であるとかねて聞いているので、この機会に是非とも乗りたいと希望され、往復とも国鉄を利用されました。国鉄としては、まことに無上の光栄であります。これは多年にわたる先輩の苦心と現職員あげての努力によって得たものでありまして、この世界的名声をさらに輝かしいものにして、ネール首相の期待に酬いたいと存じます。

これより先、東京で開かれた国際ペンクラブ大会に出席の外国会員の何名かと食卓をともにし、何回か懇談しました。これらの人々が異口同音に、日本の鉄道が狭軌であり、曲線区間が多く、勾配や、トンネルが無数にあって、煙にせめられることを除けば、その経営、旅客に対するサービスは正に世界一で、ワンダフルであるとほめていました。ただ日本ではよくストが行われていると聞き、それでいて世界一とはどういうわけかと多少疑問を持っていたが、日本に来て実地に見たところ、職員の多数が極めて忠実に職務を行っており、新聞などでさわがれるほど列車運行も乱れていないのにまた驚いたといっていました。同時に日本の鉄道が四十五万の職員をもち、家族をいれれば二百万以上になる世界一の大企業、大家族であるから、中でいろいろ意見の相違もあろうし、紛争の起ることもやむを得ぬだろうともいっていました。

こうしたほめ言葉にまじって、フランスから来た新聞記者が、ずばりとこういうことをいいました。日本に来て東京を見たら、建物その他外国とあまり変りがなく、一寸失望したが、京都に行ってようやく日本本来の姿に接したように思いホッとしました。日本の憲法は非常に進歩したもので、世界中どこの国の憲法にも、これほど民主的、平和的のものはないでしょう。政治も二大政党が対立という民主国家の理想型ですが、社会党は政策面を見ても実際政治の歩みが薄く、事実は一党独裁のようではありませんか、その最も大きな原因は社会党そのものが総評のひも付だからでしょう。その総評の中で、最も力のあるのが国鉄労組であるようですが、そうすると国鉄は日本の政治に非常な影響力があるということになります。その責任は国鉄総裁にあるのではないかということでした。そしてさらにいうことには、国鉄職員は多いのだし種々の意見もあろうが、各人が自ら信ずるところを十分に主張し、意見を闘わして、他人の意見に盲従することなく、各人が良識にしたがって行動するようにならなければ、労働運動の健全性は失われる。民主主義は個性を尊重することが最も大切であるということを理解すべきではないか。そうなれば日本の労働運動も民主的になるし、日本の社会もよくなり、政治もよくなって来るのじゃないかといいました。平素日本研究に熱心である人の言葉だけに傾聴もし、考えさせられました。ほめられるのもうれしいことですが、率直な忠言はまたありがたいものであります。

昭和三十二年十月一日北陸線に六十サイクルの交流電化工事が完成、その開業式を木ノ本と敦賀で行いました。その際、北陸線はかねがね日本一輸送力不足の区間でありましたが、これから世界一新式の鉄道になりますので、これでいく分か過去長い間ご不便をかけた償いもできるだろうと考えております旨申上げました。そもそも交流電化に使う機関車をフランスから購入しようと交渉しましたところ、むずかしい条件をつけて売ってくれません。それが発憤の動機となって研究を重ね、とうとう国産機関車を造ることに成功し、ここに営業するまでになったのであります。これは世界でも珍しいことで、最初から国産交流電気機関車を使って交流電化をやった国は、そう多くはありません。また五十サイクル、六十サイクルという商用周波をそのまま使うことは機械製作上非常に困難であるため、外国では十五、十六サイクルに落して使っているのであります。それを日本ではじめて六十サイクルそのままを使うことになったのは、日本の技術が世界の水準以上に達したという証左であって、これほどよろこばしいことはありません。

このようにして輸送上の隘路の一角が打開されました以上、さらに進んで人間関係を改善し、真に家族的な和合を実現するようになれば、国鉄繁栄の基礎が定まり、それこそ名実ともに世界一の鉄道ともなれるわけで、国家国民に対し、その負託に応えることもできる、とそのことを念願しております。

去年陽春桜のころに東南アジアの諸国から鉄道関係者をお招きして、日本の鉄道の現状ならびに鉄道関係のいろいろな製造工業を見てもらいました。その時、国鉄の大家族主義がどういうものであるかということも親しく見ていただきました。宣伝時代だからというのではなく、ありのままの姿を、そのまま見てもらうことが宣伝でもあり、意義のあることでもあると思ったからであります。すでに退職された方が、事故の際、なにかのお役に立ちたいと平生制服をつめたトランクや包を用意し、事故の現場へ手弁当でかけつけてくれたという例が非常に多いということを知り、諸外国の人々は驚嘆しておりました。いな、こんなうるわしい話は、国内でもあまり知られていないのではないでしょうか。国鉄の大家族主義といって、とかく悪口の材料にされますが、こうしたことがもっと知られるようになれば、世人の国鉄を見る眼もちがってくるでしょう。

コールさんと旧情を温める

不自由を忍び盲人教育のために異境に捧げる聖なる生涯

昭和三十三年十月十一日の夜、タイのバンコックから帰ってきたばかりだというミス・コールフィールドから電話があり、お宅にお訪ねして、久々になつかしい昔話やタイにおける近況を聞き、近来にない愉快な一ときをすごしました。ミスといっても私と一つちがい七十四歳の老嬢であります。

私がコールさんとはじめて会ったのは四十年も昔のことであります。大正六年春、私がアメリカへ留学し、ニューヨークに到着してすぐＹＭＣＡのモーア主事から紹介され、自宅を訪ねて会ったのが縁となり、長い交友の糸口となったのであります。当時わが国からアメリカへ行った人々の中に、コールさんから英語を習ったものが相当あるはずです。初対面の時、私が英語を教えてほしいと申したら、ニコニコしながら、アメリカでの第一印象をきかせて下さいといわれました。私はやや気おくれしながら、なにをいってもよろしいかと一応断った上で、「アメリカの婦人は大嫌いです」と無遠慮にいいました。ところがコールさんは「そうですか、それではあなたに伺いますが、あなたはアメリカに婦人のお友達が何人ありますか」というのです。まことに痛いところをつかれたわけで、しまったと思いましたが、もうまにあわない、こうなれば度胸を決めて、なんとか理屈をつけなければなりません。

「サンフランシスコにつき、冬の晴れた日に金門公園を見ました時、朝早く空気の冷い間はどの婦人も外套をきて威張って夫の先に立ち、昼ごろ暖かになると、その外套をぬぎ、主人が自分の外套と奥さんのと二人分を抱え、汗ダクダクでついてゆく。駅のプラットホームで女の子がリンゴにかぶりついている。そのすぐあとでホームの柱鏡を前にしてお化粧直しに余念のないという光景ものべつに見られます。私の下宿の娘が毎夜のように夜半すぎに帰宅します。これは日本では特種の婦人の外に見られないところです。こうしたいくつかの実例を見て、いやになったのです」。いい終って、コールさんの顔をうかがったところ、別に変りません。そして今度は、「私もアメリカの女だが、どう思うか」というのです。直撃弾を受けたようにピリッと感じましたが、一瞬ためらったのち思いきって、「どうも好きだともいえません」と答えました。腹をたてやしないかしらと心配しましたが、意外も意外、いとも静かに、「私は日本人の多くの方に質問しましたが、あなたのように率直に答えてくれた人はありませんでした。あなたがアメリカの女が嫌いだということの責任は私にもあるようです。そこで、あなたがアメリカの婦人を好きになるようにしてあげたいから、私の紹介する家庭に入って、生活をともにして見る気はありませんか」といわれました。アメリカの市民社会にとけこんで、親しく家庭生活の実地を体験したいという私の念願が通じたのかと、心からよろこんでお世話をたのみ、その結果、マシュー家に厄介になったのであります。マシュー博士夫妻のことについては、かつて申しあげましたが、数ヵ月間マシュー家に厄介になっている間に、私のアメリカ観、女性観をスッカリ一変せしめてしまいました。この機縁を私に与えてくれたのがコールさんであったのであります。

コールさんは十四歳の時、眼を患い、殆ど失明に近い状態になりましたが、コロムビア大学で特別扱いを嫌い、普通学生と同じコースを経て文学士となり、教育や文筆で生計をたて、特に盲人のため、またアジア人のため社会事業に奉仕しようとの志をたて、アジア諸国の歴史、地理政治等を勉強していました。とても頭のよい人で、日本歴史でむずかしい地名、人名も一度聞けば忘れないというたちでした。

私がアメリカから帰って五年後、すなわち大正十二年の春あこがれの日本に来ました。海軍中将杉政人氏が、ニューヨークで世話になったというので、当座の宿をしていました。まもなくあの関東大震災です。地震のないところから来て、地震国日本でも比類稀なる災害に会ったのですから、その驚きも大きかったようですが、とても気丈な人で、翌日私が見舞いに伺ったら、青山の宅から、乗りもの一つない東京の町を、お目の不自由なのにもかかわらず、巣鴨の友人を見舞いにいかれたというので、私もあっと驚いたほどです。

しばらくして芝三田小山町に移り、アメリカから年とった母親を迎え、英語の先生をしながら、自宅にタイ、フィリピンあたりの青年を預って世話をしていました。

日本を愛し、日本人に特別の親しみを持っていましただけに、満州事変が起ってから、世界の世論が日本を非難していることを非常に懸念して、私が満州から上京して来ますといつも関心をもって、何かと満州の現地事情など尋ねられました。満州が日本の生命線であるということが問題となって、私に説明を求めました。私はソ連と満州との歴史的関係を説き、日本が東洋の平和、したがってまた世界平和を維持するためには是非ともソ連の太平洋進出を防止せねばならぬ。中国が統一された強国で、ソ連の太平洋進出を阻止し得るならば、満州事変は起らなかったであろうが、日本によって朝鮮からの途をとざされたソ連は、満州経由太平洋に進出して来た。日本はソ連の侵略に甘んずるか、然らずんば国運を賭してもこれを排除するか、二者択一の運命におかれました。これが明治開国以来日本のたどって来た道であって、日清日露の両役はこのために戦われたのです。こうした私の説明を聞き、コールさんは、満州における日本の立場がわかったといってよろこび、同時に母国の人々に認識してもらって、日米関係の調整をはかりたいから、半年の予定で帰国するのだといって、やがて帰米し各地で講演をしたそうであります。

コールさんはタイ国に渡航してから早十五年になります。バンコックで英語の個人教育をしながら盲人のために普通教育と職業教育をはじめ、とうとうそのまま今日に至っているのであります。第二次大戦が始まったので、アメリカ政府ならびに日本軍から、しばしば引揚げの勧告を受けましたし、一般に理解してくれる人も少なく、かなり苦しみもなやみもあったようでしたが、施設に収容されている不幸な人達をのこして帰国する気持ちにどうしてもなれないといい張って、その仕事が天職であるとの自負自覚からあえてふみ止まっていたのであります。この苦難の時代にある日本人の援助申出によって、はじめてドミトリーを持つことができたことは、いつまでも忘れないと感謝しています。

施設創立後五年目にタイの文部大臣に認められ、所要経費の二割を助成金としてうけるようになり、最近では世間一般から高く評価せられるとともに、日本人をふくめての外人協力者が次第にふえて来て、今はその基礎も確立し、財団法人組織として立派に経営できるようになっているようです。常時百五十名程度の盲人を収容し、すでに同所で教育を終了した人の中には、社会で相当の地位を占め、国家社会に貢献して尊敬せられているものも沢山あるらしい。かつタイ人の中から十五名ないし二十名の資格の十分にある指導者も養成したというし、政府との関係も良好であるというので、事業経営上の心配は全くなくなったということです。古稀を過ぎた老婦人が唯一人、しかも殆んど盲目というべき不自由の身を顧みず、進んで文化のおくれているアジアの小国に渡り、不幸な盲人に希望と光明とを与えることを理想として、生涯その情熱を傾けようとしている姿こそは、まことに尊いものがあります。人間愛の真髄でありましょう。

コールさんは去年からヴェトナムに招かれて時々サイゴンを訪れ、ゴー・ディンジェム首相としばしば会見していましたが、女史のつきぬ愛情は、この国においても、不幸な人々を看過することができなくなり、この度の来日もヴェトナムにおける盲人教育の準備のためということでした。近く六ヵ月の予定で帰米し、さらにヴェトナムにゆくといって、全く老いを忘れています。エライものです。私は顧みて恥かしくなりました、また大いに勇気づけられました。

マシュー博士夫人も昭和初年来日し、コールさんとともに亡妻の親しいよき友でした。三年前私が世界を一周した際、私はアメリカでマシュー夫人と再会できることを楽しみにしていたのですが、まだ欧州にいる間に夫人の急逝を知り、悲しみに暗然としました。ところで、いまコールさんが折角見えましたようなものの、妻はすでにこの世の人ではない。私からその死を聞き、しばし言葉もありませんでした。世はまことに無情、しかしいまごろはマシューさんと亡妻と二人で、ありし日の思い出でも語りあっているかも知れません。

五十年来問題の髯

東大髯の三傑の一人が後藤初代総裁に叱られる

私がはじめて鉄道院に入った時、私の髯が問題になりました。私は学生時代から、顔に剃刀を当てることがなかったのであります。「身体髪膚コレヲ父母ニ受ク、敢テ毀傷セザルハ孝ノ始メナリ」という孔子様の教えを守ったわけでもありませんが、不精だった私は、剃刀というものを全然使わなかったのです。

私には、「熊公」とか、「鍾馗様」とか、また尾崎紅葉作で金色夜叉という明治時代広く読まれた小説に出て来る「荒尾譲介」とかいう仇名がつけられており、東京大学では、髯の三傑の一人であったくらいですから、頬から顎にかけて丈なす美髯《びぜん》が長々とのびておったのであります。

初代鉄道院総裁後藤さんは、顎髯をちょびっと残しているだけでしたが、私を呼んで、「自分は総裁だ、総裁が遠慮して顎にちょびっと残しているのに、お前は新米のくせに生意気だ。その髯を剃ってしまえ」というきつい厳命を下されました。私は涙ながらに鼻の下だけを残し、頬と顎の髯を剃り落とさざるを得なかったのであります。私の残された鼻の下の髭は、総裁就任の時には黒々としておりましたが、ここ数年の間に私としても相当苦労をしたと見えて、この髭もすっかり白くなってしまいました。そうして、この髭がまた職員の間で問題にされるようになったのです。

国鉄には、私の外に髭を貯えているものが殆んどありません。近頃私の部下の職員が「総裁の髯は明治調だから剃り落としてしまいなさい」と今度は下からうるさく催促されるのです。しかし、私はいつでも上官の命令には、そのことの如何を問わず従順に服従しましたが、今もって部下の要望には応えておりません。

思うに髯は人間の個性をよく表わすものの一つであって、サンタクロースはもちろんのことたとえば、板垣退助とか、伊藤博文とか、乃木将軍とかいう日本を建設せられた先輩を追憶する際に、まず頭に浮ぶのはその髯であります。現代は量産（マスプロ）の時代であり、組織の幅をきかす時代であります。人間もマスプロで作られるせいか、個性というものが押し潰されて、組織がものをいうようになり、髯の存在が甚だ時代に副わなくなりました。団体交渉であるとか、集団陳情であるとか、労組でも、政党でも、何事によらず、個性が影をひそめて、組織が活躍しておる時代であります。組織が活躍する時は、私共は何となく圧力を感ずるような気がいたします。人間的魅力とか、人格に惹きつけられるというよりか、力で、数で、牽制されるような感じを受けるのであります。

ところが、民主主義というものは、個性を充実し、これを生かし、これを尊重するということが、その基本的な建て前になっているのではないでしょうか。個性が生かされないで、押し潰されてしまうところに、民主主義の健全なる発達は望まれないのではないでしょうか。多数決ということは一応よいと致しましても、真理や正義は、必ずしも多数の側にあるとはいえないのではないでしょうか。その多数も、各人が各々その良心良識の命ずるところにしたがって行動しているのではなく、単に大勢順応主義で附和雷同するようなことがないでしょうか。とかく人間には群集心理というものが働いて、悪いこととは知りながら、大勢の言葉にさからいかねるという弱点があります。この弱点が民主主義という結構な主義を台なしに汚してしまうことがあります。

近来人間関係ということが、欧米でも、日本でも、やかましくいわれるようになったのも、世人がこの弱点に気がついたためかと思われます。

昭和三十三年暮にジェトロ（日本貿易振興会）という団体で、アメリカからマッテさん外数名の有名なデザイナーを招聘し、日本全国を回って、外国に輸出する適当な品物を見出してもらい、デザイン等について研究し、批評しあって改善することを企てられまして、東京の丸善で、各地から集められた品物の見本展示会が行われました。非常に評判がよいので、私もちょっといってみましたが、集められた商品は、いずれも日本固有のデザインの製品が多く、西洋の真似をしたり、特に欧米向きに作られたようなものは殆んどありませんでした。アメリカなどでは、型にはまった大量生産で作られたものばかり氾濫しておりますので、純日本的な個性のある民芸品のようなものが、非常に歓迎せられているということです。

このアメリカからきたデザイナーのお話では、日本人は美しいものを輸出しないで、まずいものばかり輸出している。もし日本人の個性を発揮した日本風の美しいものを出すならば、アメリカで、もっともっと沢山売れること間違いない、というのが一致した批評であります。相手方の立場に立って物を見、その要望を満たしてやろうという思いやりは非常に結構でありますが、古人の教えにも「己レノ欲スルトコロヲ人ニ施シ、己レノ欲セザルトコロ、コレヲ人ニ施スナカレ」ということがあるように、この場合にも、日本は、日本の個性を押しつぶさないで、多分に日本趣味の残されたものの方が、却ってアメリカ人に歓迎せられ、日米貿易の発展となり、文化交流の実が上がるのではないでしょうか。

近来アメリカにおける日本文化の採入れ流行は大したもので、屏風や、障子、さては織維品のデザインでも、さらに進んでは、禅や、柔道の研究や、家族制度まで日本風が歓迎せられようとしていると聞いております。

国際ペンクラブの外人も、フランスの哲学者で詩人であるマルセル博士も、日本人はどうして美わしい伝統美風を敝履《へいり》のごとくすてるのか、気が知れないといっておりました。

若人の日常語に「有法子」

理想をもち正道を邁進する勇気と情熱こそが必要

年々歳々、年毎に一つ一つ年を重ねていくことに変りはありませんが、年をとるにしたがって、一年が二年にも三年にも当るように感じます。年をとると、体力が衰え、環境の変化に順応して、身体の調節をはかる機能が退化する一面、精神的感覚も鈍化されます。

満六十歳になると、還暦の祝いをする習慣の由来は、よくわかりませんが、六十年で地球が太陽を幾回りかして暦が一巡回転すると同時に、人間もここで更めて若返る必要があるという意味ではないでしょうか。

「年をとると額に皺がよる、情熱を失えば魂に皺がよる」といわれますが、暦年で額に皺がよることは、止むを得ないにしても、情熱を失って魂に皺をよせ、精神的老年にならないように、若返りの必要を大いに痛感します。

日本の歴史を見ますと、明治維新で諸事更新して以来、制度や組織もすでに六十歳の還暦を過ぎたものが沢山あります。歴史は尊重されなければなりませんが、若さを失っては人も国も衰亡するようになります。国鉄の如きも、明治五年に創設されて以来、早くも八十七年にもなっています。明年は、いわゆる米寿を迎えるわけですから、今にして若返り法を講じませんと、老耄《ろうもう》用ゆるに足らないものとなって、斜陽産業となり、社会から見棄てられてしまう虞れが多分にあります。これはひとり国鉄だけでなく、六十年以上の歴史を持っている組織、事業の多くは、同様の危険に直面しているといわなければなりません。

私は、先般私の母校（昔の西条中学、今の西条高校）の創立六十周年の記念式典に臨席して、最初の卒業生（私は第二回ですが、第一回卒業生はいなかった）として、挨拶をいたしました。

私はその席上、次のようなことを話しました。

「本校も、はや創立以来六十周年を経過しました。本日は人間でいうと本卦還《ほんけがえ》りというところで、暦を新たにする年であります。いわば還暦のお祝いに臨席したようなものです。人間は還暦になると若返らなければなりません。赤いチャンチャンコを着るのはまさにその印です。本校も赤いチャンチャンコでも着て、若返らなければならぬ年であります。ところで若返るというのは、どういうことでしょうか。問題はそこにあります。十二歳の少年だといわれたからとて若返ったとは考えられません。若いということは、なにかという問題は、なかなかむずかしい問題でありますが、私はこれを正邪の感覚の鋭敏なことであり、不退転の気魄をもって、正道を真直ぐに勇往邁進する情熱がみなぎっているということであり、理想・目標を見失うことなく、しかも大地を踏み外すこともなく、独創的で創作をなし得る夢・イマジネーションが生き生きとしているということだと考えます。

今日の日本は、社会一般に老人はもちろん、青壮年に至るまで、理想を見失い、正邪の感覚が鈍くなって、邪道を恥かしくもなく盲進している人が多いようです。理非曲直を判別する見識はあっても、衆愚におもねることなく、正を採り、邪を棄てる情熱と勇気に欠けているものが少なくありません。

本校もここらで大いに若返り、年をとっても、魂に皺の寄らない良質の若人を沢山世の中に送り出し、祖国日本の若返りに大いに貢献してもらいたいと念願するものであります。」

日本人の平均寿命は、戦後、著しくのびて、男子は七十、女子は七十五歳位になったということですが、いたずらに長寿を誇っても意味がないでしょう。昭和三十三年五月、国鉄でエジプト以東の中近東、東南アジアの鉄道首脳者を招待して、日本国有鉄道と、その関連産業との現状を視察してもらったとき、私は、「自分は国鉄総裁として、国鉄を世界一の鉄道に育て上げたいと念願し、そのためには、まず人間を作ることが一番基本的の要件であると考え、教育機関に最も力を入れて充実することにしました」と申しました。その教育機関の講堂に「有法子《ユーファーズ》」と書いた額を掲げておいたのもそのためであります。「有法子」という言葉は、古くから「没法子《メーファーズ》」と並んで、中国で盛んに用いられた言葉でありますが、中国では、いつの間にか、まだ方法がある、もっと努力しようという意味の「有法子」という言葉が棄てられて、手段がつきた、仕方がないというアキラメの言葉である「没法子」という言葉だけが残ったのであります。これが中国をして悲惨な運命をたどらしめるに至った根本原因であると、私の友人の中国人が嘆いていましたが、今や日本でも、「没法子」という言葉が流行して、中国を相当知っている人でも、この「有法子」という言葉を知らない人が多いという嘆かわしい状態であります。「没法子」は魂に皺のよった老人の言葉であって、若人の用いるべき日用語ではないと信じます。

今日の教育は、学問、知識を断片的には授けていますが、人間を作るという総合的な教育という効果は十分に挙っていないきらいがないでしょうか。理想を目指して、正道を猪のごとくに突進するという情熱に燃えている若人を作るという点ではどうでしょうか。わが国鉄中央教習所は願わくばそういうタイプの人材を沢山送り出してもらいたい。それが私の「有法子」と書いたゆえんであります。

産業がマスプロになりましたように、教育もマスプロになって、型にはまったような人ばかりできて、「一犬虚ニ吠エ、万犬コレニシタガウ」という風な、自覚のない意義のない、大衆行動が横行して、良貨は次第に声をひそめ、悪貨がはびこる世の中になる危険があるやに心配せられるのであります。

私達国鉄に職を奉ずるものは、自主的に、正邪の判断を誤ることなく、理想と情熱とを失わないようにしないと、自主性なるものも、与えられたる自主性に堕して、型ばかりのものになってしまい、真の自主性を確立し得る日が来ないのではないでしょうか。

宗教を通じての民族融和

寒中百日の水行と百日の説法を修行する日蓮僧侶

私の祖先は戦国時代、よく京都に馳せ参じ、しばしば柴野大徳寺が兵火の難から免れるのに功があったということです。大徳寺の聚楽院には、十河一存、三好長景の肖像画が飾られ、いまでもお祭りをしてくれています。十河家と三好家は近い親類で、三好家に跡継がないと十河家からゆき、十河家に後継がない時には、三好家から来るというようになっていました。城も三好家は阿波の徳島、十河家は高松にありましたが、讃岐の高松から徳島までの間に、讃岐には、十河の分城、阿波には三好の分城があって、それぞれの分城を伝わって、互に連絡ができるという状態でした。大徳寺の庭は有名な一休和尚が作ったものです。祖先のおかげで私は京都へ参りますと大徳寺に詣で、いつも非常な歓待をうけております。

満州事変後のことでした。武力だけではいけない、民族の融和には文が基礎にならねばだめだと思いました。ところで、仏教は、インドから中国を通って日本に来たので、この仏教を広めること、信仰の力によることが、融和への近道であると考え、私は仏教団体に呼びかけました。大徳寺にも話しましたが、そうしたことに積極性がありません。幸いにも日蓮宗には懇意な管長が多く、身延、池上、中山の各本山ともよく知っていましたので、私の考えを話しますと、身延は特に進んで沼津日緬寺の住職結城瑞光師をよこしてくれました。瑞光師は日蓮宗の二つの行を卒業した人でした。この二つの荒行の一つは、寒中百日の水行。前夜から水を汲み、翌朝氷を破って水をかぶり、木綿の着物一枚で板敷の部屋に筵をしき、座ってお経を読みつづける。もう一つは百日の説法。第一回の説教を聞きに来たものが、百回の終りまで、あきずに聞きにくるような説教をするわけですが、これはなかなか難しい。私は瑞光師が大阪の寺町で百日の説法をしていた時に聞きにいきました。百回は聞かなかったが、かなりの日数通いました。だいぶ同じ顔が来ていました。百日の説法屁一つという話がありますが、日蓮宗ではこの行をやらねば、どんな小さな寺の住職にもなれぬそうです。この瑞光師が大連に来て寺を建て、さらに満州各地にも寺院を建立し、上海にも寺を持ちました。そして日本から僧侶を呼びよせ、盛んに宗教活動をしました。

　戦争で長男を亡くしましたが、私達は東京に墓所を持っていませんでした。私の家は禅宗ですが妻と相談し、妻の実家岡崎家の菩提寺である日蓮宗理性寺に墓地を求め、そこに葬りました。仏縁もさることながら、日蓮宗各派管長との人縁から、長男の死に同情をいただき、管長はじめ多数の僧が来まして、朝から晩まで南無妙法蓮華経と声高らかにやりましたので、さぞ近所迷惑だったろうと思いました。そうしたことから推薦されて、私は身延山の大本願人になりました。普通はある金額以上の寄付者が大本願人になるとかいうことですが、私は物質に関係なくなったのであります。

　私はこれまで度々人の臨終に立ち会いました。祖父、祖母をはじめ、両親、先輩、知人の亡くなった時、たまたまその死を目の前にして非常に感ずることがありました。最近妻を失いました時でも、いままで私と握手し、確かに話をしていたのに、ころっと眼をつぶり一切の器官になんの変化もないのに、忽ちその活動が止ってしまうというのは、如何にも不思議でなりません。肉体的には何の変りもないと思うのですが、瞬間生が死に変る。まことに神秘的で、科学的に証明することのできぬものがあるように感じます。人間の生命は神様から直接に授かるものではないかしらというように思い、神や仏の存在を信ずるようになるのも自然ではないでしょうか。宗教というものがどう定義されるかは知りませんが、神仏の存在を信じ、その権威に服するというのが信仰ではないかと思っています。

共産主義社会では信仰というものがない。人間以外の権威に服することを否定しています。人間がオールマイティです。だから、そこに英雄主義、専制主義が支配するようになります。

自由主義社会では、神仏を信じ、その権威に服するから、人間はすべて平等だということになります。東西の対立だとか、共存だとか、いろいろと意見がちがいましょうが、掘り下げて見ると、その根本にこの信仰の相違があるということではないでしょうか。民主主義の基本理念もここにあるかと思います。ここに共産主義と自由主義との間に非常に大きなちがいがあります。地上の人間オールマイティというのと、天上の神オールマイティというのとでは、この二つが永久に平行線として一致し得ない根本があるのではないでしょうか。

昭和二十四年ころでした。聖徳太子の一三三〇年祭をやりました。聖徳太子は、誰もが知っているように、わが国において、最初に仏教を公に信仰することを認めた方であり、大化の改新を推進した方であります。この革新の骨子ともいうべきものは、それまで伝統的につづいてきていた身分制度、すなわち平民はいつまでも平民で役人にはなれないが、武士は馬鹿でも官職をつぐというようなことを廃止し、国民は平等であり、自由であるということを政治の上に具現した、いわば民主主義の元祖ともいうべき方であります。また社会事業の始祖でもあります。

地上の人間オールマイティと、天上の神オールマイティという信仰との間に、これを調整融和する思想信仰は、これを仏教に求め得べきでないでしょうか。仏教は天上の神（仏）と、地上の人間とを結びつける信仰じゃないかと思います。われわれが死ぬることを成仏するといいます。いな、この身そのまま仏になれるのです。即身成仏です。善人も、悪人もありません、悪人こそ却って正客だとさえいわれています。仏教では愛というよりは慈悲といいます。悲というのは間違ったことをして、良心がとがめ、泣きわめくことです。そこで他人の同様の場合に同情をし、憐み愛する気持ちになるのです。われわれは皆神の子であり、われわれは皆仏になれるのです。天と地を相隔って永久の平行線を成すのではなく、天地の間、東西の間に橋を架けるのが仏教の信仰であり、仏教徒の使命じゃないかと考えます。インドにおこり中国を経て日本に来て、今や将に太平洋を渡ってアメリカ大陸に広まっているというのもゆえあるかなと思います。

目に見えぬ神仏の存在を信じ、その広大無辺のありがたさ、尊厳に敬虔の心をもって感謝することが大切な点だと思っています。心から南無阿弥陀仏を唱えていれば、ウソもいえません。

内村鑑三先生は、あまりにも形式主義に堕するのは、信仰の堕落であるとして、無教会主義を主張し実行せられました。私は内村先生を尊敬しておりましたし、本当の信仰に生きよといわれた先生の説教に感激しまして、無教会の教会によく出かけたものであります。先生の教えは今も私の心の奥深く残っておりまして、絶えず私を叱咤激励してくれているように思います。

中国問題から森恪君と結縁

満州事変直前万宝山の現地を視察し遺書を認める

　大正の終りから昭和のはじめにかけ、政党間の争いは極めてはげしいものでした。内閣が変れば、中央官界の高官はいうまでもなく、地方長官ならびに部長級に至るまで、ごっそり代るというのが例でした。政務官ならいざ知らず、事務官まで一度にらまれたら最後、直ちに放逐されてしまいました。ですから、当の本人は政党に少しの関係がなくても、他からあれは政友会系だとか、民政色が濃いとか、勝手に決められ、それが運命を左右することになるのですから迷惑な話です。警察も今とちがって、政治面に関係し、人の動き、特に政界有力筋の出入りには監視を怠りませんでした。

　こうした時、私が政友会の有力者であった森恪《いたる》君と絶えず密接な連絡をとり、時に毎晩のように私宅で会見したことは、反対派である民政党の人々を刺戟したであろうことはいうまでもありません。果せるかな、民政内閣の時、私は誤解によって冤を蒙り、囹圄《れいぎょ》の苦しみを体験しました。このことは前に申しましたが、森君を識ったそもそもの切っかけはこうです。

私は大正六年から一年間、鉄道省からアメリカへ派遣されました。その際、友人達が送別会を開いてくれました。席上「私の渡米は、もちろん鉄道業務の視察が主たる任務ではありますが、私はなんとなくいつかアメリカと戦わねばならぬような日がくるのじゃないかという予感がいたしますので、そうした心持でよくアメリカを見て来たいと思います」と挨拶しました。当時第一次大戦中で、わが国は連合国の一員としてアメリカとは同盟関係にあったわけです。そのアメリカと戦うことがあるかも知れないという私の考え方は、あるいは突飛であると思われたことでしょう。

滞米一年、私はアメリカの実情を知るためには家庭生活と信仰生活の実情とをよく研究しなければならないと思い、個人的接触の機会を多くして努力しました。そしてアメリカの国と国民につき、諸般の研究をしました結果、アメリカと戦うなどということはとんでもないことである。万一どのようなことから両国間に危機が迫っても、戦争だけはさけるようにしなければならない。また日米戦争を回避するためには、中日両国が親善提携することが絶対に必要である、との結論を得ました。往きと帰りとは、私の考え方を全く一変せしめたわけです。帰国して友人が歓迎会を催してくれた席上、このことを率直に話し、「東亜の平和ということが対米関係をよくする上にも絶対必要であるし、中国との親善関係を増進することがすべての基礎をなすものと確信するので、私はこれから中国問題に特別な関心を払い、その研究に精進するつもりです」とのべました。

それから業務の余暇には努めて中国関係の先輩を訪ねて意見をきき、各種の会合にも出て知識を求めました。森君はその時教えをうけた一人です。若くして三井物産修業生となり、日露戦争中、上海で奇才よく功をたて、中国の革命党を援助し、のち弱冠三十二歳にして天津支店長に抜擢されました。そのまま三井にいれば、恐らく三井の大黒柱にもなったでしょうが、天津支店長を最後として独立、中日実業の創設に参画、鉱山経営に手をつけました。中国問題、殊にわが大陸政策について高い見識を持っていました。

そして自分の抱いている対華政策を実現せしめるためには、政権を握り、自ら責任の衝に当らなくてはならぬと信じて波瀾の多い政界を志すに至ったのであります。

実に情熱の溢れる人間味の豊かな人でした。私とは初対面の時から意気投合し、会談の度毎に親しさをまし、いつとはなしに莫逆《ばくぎゃく》の友となりました。

森君が実業界を去って政界に入ったのは、それからのちのことであります。確か大正九年原内閣の下で総選挙が行われた時、神奈川県から初陣で当選したのがはじめです。のち選挙区を故星亨氏の地盤であった栃木県に移しましたが、政治家としての彼は、政友会の分裂にも断乎孤塁を守り、田中内閣では田中兼摂外相の政務次官として東方会議の事実上の主催者となり、やがて幹事長となって政友会の指導的中心ともなりました。政界のホープとして内外から嘱望されていました。その偉材であったことは反対党もはっきり認めていたようでした。

昭和六年七月から八月にかけて一ヵ月、森君は満州視察の旅をしました。当時、満州は排日の風潮がはげしく物情騒然という形容詞がぴったりあてはまる状態でした。その中心ともいわれた万宝山の実地調査が視察の眼目でありました。万宝山は長春の西約三十キロの水田地帯ですが、匪族の横行からその旅行は危険とされました。森君はそれを極く少数の護衛同行だけに止め、乗馬で敢行、吉林その他をも踏査しました。しかし、流石にその時は感ずるところがあったのでしょう。大和ホテルの便箋に遺書を認めていました。渋谷、永原、藤井、十河宛のもので、その後修正もせず、もちろん書き改めもしませんでした。大連で内田満鉄総裁に会った時、「あなたの行くところ、いつも大事件が起る。北京では義和団事件、ロシアでは共

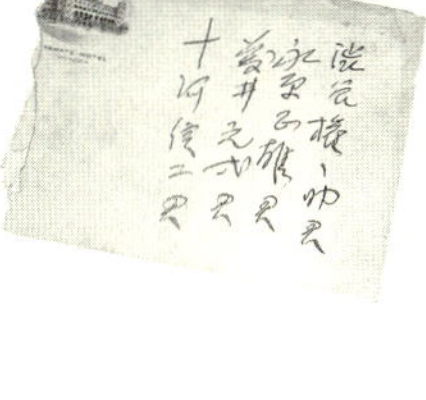

森恪と遺書

産革命、満州の今日は戦いの前夜ともいうべき状態です。それだのに整理、淘汰といって満州をよく知るものを首切っているのは認識不足じゃありませんか」といいました。それから一ヵ月で満州事変が勃発しました。

森君の思い出を語りだすときりがない。また政治家としての彼の面目を伝えるには外に人もあろう。ただいかにも残念でならないことは、大志を抱きながらあまりにも早く世を去ってしまったことであります。森君には喘息の持病があり、肺もわるく、そこへ肺炎併発となったのであります。佐野主治医は中国時代から森君の体質を知っており、塩谷博士は森夫人の信頼をうけていました。そこへ鳩山一郎氏からの見舞として稲田博士が診察に来ました。

ところが、これを森君は嫌って診てもらわない。重態ですので、私の同郷かつ親友の真鍋嘉一郎教授に診てもらったらと相談するとよろこんで診察をうけるという。鳩山さんも主治医も賛成してくれたので、真鍋教授にお願いし、鎌倉の海浜ホテルで死去するまで脈をとってもらいましたが、医師の至誠と病人の絶対信頼とは、傍らにいても胸打つものがありました。昭和七年十二月十一日永遠に帰らぬ旅につきました。享年五十。

森君が中国時代、親しくしていた霍守華君が、森君の没後遺族が負債の整理になやんでいると聞いて心配のあまり、上海から東京まで出て来て、私を訪ねて若し遺族が生活に困るようなことがあってはならないから、自分が森さんの援助によって得た財産を提供したいといって来ました。彼は桃冲鉱山の持ち主で、かねて森君とは国境を越えて無二の親友であったのですが、時が時だけに私は深く感銘させられました。ところが、森君の遺書にも、「万一霍守華君にして困るようなれば、カナダ・サンの保険金から資金を与えてほしい」とありました。霍君が森君のことを気にしていたと同じように森君も霍君の身の上を案じていたわけです。そこで、この遺書のことを霍君に伝え、扶け合いは相すんだということにしてうるわしいこの友情の幕としました。

三十二年の暮、故人の命日に生前よく行った赤坂の中川で自民党の川島正二郎氏主催の追憶の会が催されました。森君が今日まで健在であったならば、日本の歴史も大分変っていたであろうと主催者が挨拶されました。森君と慶応幼稚舎からの親友田村羊三君（元華北交通副総裁）、三井修業生以来の親友高木陸郎君（国土開発株式会社社長）、それに中国問題で結縁された私、この三人は今でも集まれば森君のありし日を追憶し、よく昔の話をします。いつになっても忘れることのできない心の友でした。

スチール・ハンドになれ

死の床にある親友の激励に思わずホロリとする

故森恪君はいわゆる実力者として、また革新政治家として特異の存在でありました。それだけに世間の批判もきびしく、彼の思想行動について、誤解せられている点が少なくありません。私は彼と中国問題を通じて交わり、互に許しあった心友でありましたので、彼の抱いていた対中国観、軍関係者とのつながりなどについて、よく実相を承知しております。

一例にすぎませんが、森君と小磯国昭大将とは深い結びつきがあって、陰謀でもたくらんでいるようにいわれたものです。しかし、陰謀どころか、むしろ森君は満州事変後の関東軍小磯参謀長の行動を注目し、常に警戒的でありました。そのころ、私が満州から上京しますと、絶えず彼に会っていましたが、彼はよく、「オイ、お前早く帰れよ」というのです。「まだ来たばかりだから、しばらく滞在したいのだ」といいますと、「小磯がなにをやりだすか分らぬぞ。心配だから、早く帰ってほしいのだ」とやかましくいったものです。

事実、小磯参謀長は、豪放に見えましたが性格的に弱いので、青年将校などにかつがれて時々変なことをやったものです。こんなことがありました。ある時、小磯参謀長は、中国法人は満州においては一切認めないと声明しました。そのため中国法人の中国人株主はすっかり参ってしまいました。北票炭鉱の株主などは全部天津へ逃げました。ところが、天津には日本の利権屋が待ちうけていて、天津に逃げて来た北票炭鉱の株主から、無償に近い価格で株を買い占めました。そのあとまもなく今度は中国法人を認めるという声明が出たのです。

これはあまりにもひどい。私は公憤を感じ、参謀長のところへ飛びこんで、訂正を要求しました。炭鉱のことを扱っていたある軍人に、中国法人を認めないといって中国人に安く株を手放させ、買占めてしまってから、また認めるというのではペテン同様ではないか、中国人を苦しめてどうして王道楽土が建設できるか、中国法人を認めるなら、はじめから認むべきで、日本人の株買占めはご破算にすべきだといったら、その軍人が、そんなことをいうものは国賊だといいますから、私も「何が国賊だ。俺のような愛国心のこりかたまりを国賊という君こそ国賊である。今の一言は無礼だ。取消せ」とせまりました。軍司令部の中ですから軍人ばかり大勢いて、一斉に起ちあがり一時周囲の様子がちょっと殺気立ってまいりました。

すると驚いたことには、私を国賊と決めつけた軍人が、どうした風の吹き回しか、突然起って「わるかった、謝ります。取消します」といって頭を下げました。これには私もびっくりしました。偉い軍人だと感じ入りましたが、残念なことにその軍人はまもなく転任させられました。そして結局北票炭鉱は中国人のものでなくなりました。

満州事変一周年記念演説会の日、森君は三十八度の熱をおし、周囲のとめるのもふりきって出席して熱弁を振いました。恐らくソ連の太平洋進出はアジアの平和を破り、日本の存在を危うくするから、日本の生命線を守り、東亜の平和を確立しなければならぬというかねての主張を強調したものと思います。それから俄かに容体がわるくなり、千駄ケ谷の自宅にねこんでしまった。鳩山一郎文相が心配して、帝大の稲田博士を見舞いにやったところ、「あんなお太鼓医者に診てもらうのはいやだ」といってきかなかったそうであります。

私は大連にいて、このことを新聞で知り、海路上京する予定のところ、早く来てほしいという森夫人の電報をうけましたので、急いで空路帰って来たら、森君は東京はうるさいとばかりに、鎌倉の海浜ホテルに移っていました。主治医は、森君も夫人も絶対信頼の漢方医の塩谷先生で、他の医者には誰にも診てもらわない。入院もいやだといい、東京にいるとあの医者に見せろ、この先生にかかれといわれるから、無理して鎌倉に来たのだというのです。そこで私は故浜口首相の主治医であった真鍋嘉一郎先生を推薦しました。

ところが、政友会の人達は、真鍋は憲政会の医者だし、鳩山文相が見舞いにやった稲田を追い返したあとだから、診せるわけにはいかんという。政争はこんなことにまでおよんでいました。そこで私は鳩山文相を官邸に訪ね、事情を話して諒解を求めたところ、快く承知して、是非真鍋先生を頼んでくれといわれたのでした。早速真鍋先生を訪ねてお願いしたら、折角だが引受けられないといわれた。理由は塩谷主治医が真鍋先生の弟子であったが、わけあって破門されたものであること、主治医の諒解なくして患者を診ることは医者の道徳に反すること、主治医は恐らく諒承しないだろうことの三つでした。私は直ちに塩谷博士と会い、真鍋先生のことを話したら快諾してくれ、先生にあてて依頼状まで書いてくれました。真鍋先生の耳にもいろいろのことが伝わっていたらしく、「僕を何党の医者だとかなんとかいっているらしいが、ああしろ、こうしてはいけないといわれるのでは治療は出来ない。自分が診療する以上は、一切自分に委せてくれなければいやだ」といわれた。私は責任をもって、何人にも干渉させない、絶対に先生にご迷惑をおかけしないからということで、ようやく診てもらうようになりました。

そのころ、真鍋先生は、ある宮様のご病気を診ていました。ところが、鎌倉へ行き、森君を診察し、容易ならぬ病状であると知ると「これは帰るわけにゆかぬ。二、三日泊りこんで治療しよう」といい、宮邸には、電話でご諒解を願いました。後、宮様にお会いし、「私は国のために森恪を治療してあげる必要があると思いましたし、殿下のご症状は、ご心配ないものでしたので二、三日ご無沙汰しても大丈夫と考え、失礼申上げました」とお許しを願いましたら、殿下は「真鍋、それでこそ国手である。まことに見あげた態度である。私からも礼をいう」といわれ、大変面目をほどこしたということでした。

このように先生方が懸命に治療に当ってくれましたが、病状は次第に悪化しました。その中、「アメリカの軍隊がいまどこそこで演習をやっている」とか、アメリカ艦隊がいまにも日本へやってくる、とかいうようなうわごとをいいだしました。最後まで日米関係の悪化することをいかに憂慮していたかが想像せられ、世間の評判と思い合せて、私は心から病友に同情したことでした。また私の手を握って、「君の手は冷たいな」といいますので、元気づけようと思って、「俺の手はアイアン・ハンドだからね」といいましたら「アイアンなんていわず、スチールになってくれ」といわれた。思わずホロリとしました。

森君の死は刻々に迫っているように感じました。到底助かる見込みはないように思われました。そこで近親有縁の人々に会わせようということになりました。実は森君には外に子供がいまして、森君も会いたいと申しますので、裏からこっそり病室に入れました。生憎、その時、お母さんが来て病室に入るというので、私もあわてて、先生がどなたも入れないようにしてほしいというから勘弁して下さいと申しましたところ、親が子の病室に入るのをどうして止めるんですかとの理詰の文句に返す言葉もなく、一切を医者の責任に転嫁して、ようやく親子最後の対面をさせたこともありました。人情止むを得なかったのであります。その息子もやがて戦死してしまいました。人の世の無常というものでしょう。

華南戦線に散った森中尉

つつましい自活をする遺族

森恪君を追想する度ごとに若くして華南の戦線に散った長男の新君を思い出します。森君が亡くなった時は、幼年学校の生徒でありました。政治家の森君が自由主義的風潮がようやく高まりつつあった時、しかも、軍備縮小論が公然と論議せられ、軍人が世間からもてなかった時代に、跡継を軍人に仕立てようとしたのは、大陸問題に深い関心と見識とをもち、対ソ関係を重視し、国家の前途を憂いての結果に外ならないと思います。けれども、多くの友人は、森君の方針を無謀であるとし、酔狂だと冷評したものです。森君はそうした質問、批評に対しても笑ってなに一つ答えませんでした。

新君は父死去の翌年、陸軍士官学校予科に入学しました。保証人は私でした。ある時、士官学校の校長から、森新のことで話したいことがあるからとの呼び出しをうけました。学校へ参りますと、森は平生目茶苦茶をやって少しもいうことをきかないから、特別に注意するようにということであった。新君をよんで、一体どうしたのだといいましたら、「小父さん、親父が私を軍人にしたのは大きな誤りでした。私は軍人みたいな虚偽の生活をつづけることがいやです。それで軍人をやめたいといろいろ研究したのですが、落第するか営倉に入れられるかして追放せられる以外に道がないのです。そこで意識的に先生のいうことをきかずに乱暴しています。だから、どうかとめないで下さい」というのでした。私は校長に、「お聞きの通りですから、如何とも致し方ありません。規則によって、いかようにでもご処分願います」と申上げて帰りました。だが、新君は営倉にも入れられず、放校にもならず、二年後無事卒業しました。

そして近衛兵一連隊の隊付となり、本科に進んで昭和十二年六月卒業、歩兵少尉に任官しました。在学中も、任官後も行状はよくない。いまに処罰されるぞと思って心配していましたが、一向処罰もされず、やがて中尉に昇進しました。それでも相変らず乱暴をやめない。その中、支那事変の関係で、中隊長になりました。するとその頃から、俄然それまでの彼とは打って変ったように真面目になりました。不思議に思って、「新君、このごろ態度が変ったようだが、なにか理由があるのか」と聞くと、「小父さん、もちろん大いに理由があります。私は従来軍隊生活が大嫌いでしたが、中隊長になったら非常に面白くなりました。自主性があって、自分の思う通りに部下の教育、訓練ができます。上からは大した掣肘《せいちゅう》をうけません。だから愉快になったのです。軍隊生活を楽しむようになりました」こういう返事でした。私も大変よろこびました。

十四年十一月の末、新君は華南へ出征しました。出発が決っても誰にもいわない。私はもちろん、母にもいわなかった。従卒が森宅に来て身の回りの用意をはじめたので、母が驚き、問いつめてようやく明日出征するということが判りました。そして私に知らせて来ました。新君は出征の朝早く来まして、「今晩品川を発って出征するのですが、私はなぜ中国と戦わなければならないのか理由が判りません。どうか教えて下さい」というのです。そこで、「もちろん中国と戦うのは本意ではない。ただソ連が太平洋に進出の計画をもっている。それは東洋の平和、ひいては世界平和をみだすことになる。日本はそれを阻止しなければならない。国運を賭して日露戦争をやったのもそのためだ。不幸、中国にはソ連の進出を防ぐ力がないばかりか、ソ連と共謀して平和をやぶろうという共産分子がいる。その勢力を抑えるのが目的で、中国人と戦うというのではない」と話しましたら、「ああ、そうですかわかりました。これで私も安心して戦死できます」という。「ちょっと待て、お前の体はお前自身のものではないぞ、国に捧げたものだ。それだから命を粗末にしてはいけない。できるだけ長生きして国に尽さなければいかんぞ」といいますと、「承知しました」といってニッコリしました。

出征準備の最中、私は彼の家に行きました。従卒が、誰かが弾丸よけになるからといってくれた鉄のシガレット・ケースをどうしましょうかと聞く。「俺には弾丸が当らん、できるだけ身軽がよいからおいていけ」つぎに木綿の大袋を見てこれは何だという。「蚊にくわれぬよう頭からかぶってねるのです」「お前達も持ってゆくのか」「将校だけです」「それでは置いていく」「マラリヤに罹るといけませんから、持ってゆかねばいけません」「俺がこれをかぶれば、俺にたかる蚊だけ余計にお前達にたかるから、それはやめる」万事この調子で意気軒昂、しかも心から部下を愛しているさまを見ました。

やがて広東へ上陸、珠江支流に沿って北進し、十月二十二日の払暁、門楼闕の一戦で敵弾に当って戦死しました。部下は森中隊長の死を誰にもいわず、遺骸をかついで高地を占領し、日章旗を山頂に翻して、森中隊は門楼闕高地を占領したと声高々に叫んだということです。享年二十五。

外の男の子も華北戦線で戦死しました。新君出征の際、別に弟のあることを話し、無事帰国したら会わせる約束をしましたが、ともに戦死し、とうとう会うことができませんでした。

森君には三人の子がいました。男二人、女一人です。娘は海軍将校に嫁したが、それも戦艦「武蔵」と運命をともにしました。次男は千島に出征、ソ連に連行され、悪性の皮膚病に罹って帰国後死去しました。

森未亡人は、息子二人と一人の女婿とを失い、娘の海軍軍人未亡人と二人きりで苦しい生活をつづけておりました。ある時、娘の禎子さんが、官庁食堂のカウンターをしていることを知り、そんなところに勤めているのはよくないから、辞めた方がよいと注意しましたところ、「おじさんは存外頭が古いのね、カウンターは立派な職業ではありませんか。私がこの職業をやっていることになんの不都合がありましょう。かれこれいう人があっても、かまいませんよ」と一蹴されてしまいました。今は再縁して二人の母となり幸福に暮しております。

森未亡人もまた懇意な店から、下駄の台や、鼻緒などを仕入れ、菓子屋から菓子を卸してもらって、知りあいのところに持ってゆき、それらを買ってもらって生計をたてていました。旧知の二、三から私に対し、森恪未亡人にああいう商売をやらせておくのはいかんじゃないかといって来ました。「どうしていけないのだ。未亡人がもし他人から施しをうけてお情けで暮らしているとしたら、あるいは非難に価するかも知れないが、独立して自ら働き、それで生活していることがなぜいけないのだ。流石は森恪の未亡人だ。偉いものだと思っているくらいだ」と娘の禎子さんに私がいわれたように今度は私がいってやりました。

しかし、そうした生活上の過労から遂に胸をやられ、長く清瀬の病院で治療しておりましたが、切開手術をやらぬ限り、恢復もむずかしいといわれ、親戚の反対を押しきって手術した結果、死中に生を得、意外に元気で現に成城に住まっております。

政界の偉材といわれた森恪君亡きあとの家庭の寂しさ、みじめさは、いかにも政治家稼業の現実のきびしさを語っておりますが、貧しいながらもきれいな生活をつづけているのがうれしいです。

保守党の偉材、砂田重政君

少壮、木堂に師事して政界に入り保守派の重鎮となる

昭和三十二年もあと四日で暮れようという師走二十七日早朝のことでした。けたたましい電話のベルになんとはなしに胸さわぎがしました。なにか変ったことがあったのではないかという不吉な予感でした。その予感が正に的中し、砂田重政君急死の悲報をうけたのであります。あまりにも突然のことで、驚きも悲しみも越えて一時呆然としました。

早速弔問に参りまして、涙とともに霊前にぬかずき、香をたきました。悲しみがこみあげてくるのをどうしようもありませんでした。そして遺族の方から臨終までの詳しい話を伺い、感慨無量のものがありました。なにしろ連日連夜多忙なる党務に鞅掌《おうしょう》し、全国各地また各方面からの陳情者に面接するだけでも容易ならぬ重労働

でありますが、それは自民党の総務会長室だけのことでなく、私邸にあっても同じような忙しさ、わずらわしさをくりかえしていたものです。まことに元気で、全く疲れも知らぬようにしていましたが、夫人は常に主治医と相談され、本人に気づかれぬよう細かい心づかいをしていたそうです。二十六日の夜も、いつものように、来訪の方と会い十時半すぎ、やっと自分の時間になってから風呂に入り、そのまま床につきましたが、二十七日午前一時半用便に起き、その帰りに急変、夫人、長男夫妻に見まもられながら他界してしまいました。心臓麻痺です。

真夜中の瞬間の変事です。急を聞いてかけつけた主治医らも懸命に手当をしてくれましたが、その効もありません。遺族一同はただ呆然自失、遺骸にとりすがって泣くのみであったでしょう。これが政治生活四十年、花やかな与党幹部の死であります。公人としてはけだし本望であったかも知れませんし、最後の日まで国のため、党のためにつくしての大往生であるともいうことができるかも知れませんが、遺族はじめ身近のものにとってはあきらめようとしてもあきらめきれぬものがありましょう。寿命といえば寿命でしょう。定命といってしまえばそれまでですが、今少し平生から休養をとることができたら、もっと国家社会のために奉仕することができたでしょう。極度の過労が命を縮めたであろうことは想像にかたくありませんが、それにつけても、一般世間の人々が、公人に対して理解といたわりの心をもって接してやらねば、可哀相だとしみじみ思ったことでした。

砂田君は明治十七年愛媛県の東予に生れました。私と同年同国であります。どちらが先だろうかということになったら、私の生れが四月十四日、砂田君が九月十五日だったので私が丁度五ヵ月だけ年長ということになりました。砂田君は苦学力行《りっこう》の人でした。中央大学がまだ東京法学校といっていた時代の卒業生で、私がまだ学生のころ、早くも弁護士試験に合格していましたし、司法官試補にもなっていました。非常な秀才で、司法部内でも将来を嘱目されていましたが、血気盛んな彼は、官界のワク内での安易さをきらい、進んで泥沼のような政界にとびこみました。犬養木堂翁に師事し、三十五の時、国民党所属で立候補、みごと初陣で当選、少壮代議士として注目されました。国民党はのちに革新倶楽部となりましたが、犬養翁を中心とする同志的結合で一騎当千のものばかり、万年野党でしたので、選挙の度毎にはげしい弾圧干渉をうけました。それでいていつも三十名近くの議員を擁していたのも一異彩でした。

かれは頭脳明晰かつよく勉強しました。所信を通そうとする時は、理路整然として相手が納得するまで誠意を披瀝して説く。その熱のこもった態度は、あたかも大風のなにものをも席捲せずにおかないという気概がありました。野党議員として政府の施政に反対し、継続五時間余りも議政壇上を独占した話は有名であります。辛辣針のごとき論鋒で政府与党を震憾せしめたこともありました。戦争中、南方総軍司令部最高顧問として戦地にゆき、きびしい戦場の空気にもふれ軍政にも参画しましたが、そのために戦後追放の憂き目にも会いました。追放解除後、再び政界に出る時、一度落選の苦しみを体験、新人と争って二度目にようやく志を得ました。そしてたちまち国務大臣になり、また総務会長の重責を担うようになったのでありま す。しかも、いつのまにやら昔の鋭さをつつみ、円転滑脱、円熟して融和調整の妙《みょう》諦《たい》を会得し、ユーモアをとばし、敵味方を煙にまいて和をはかるという境地を開拓、自民党内において、まとめ役としてなくてはならぬ存在となりました。

昭和三十年五月、私は当時血圧と神経痛のため、都塵をさけて国府津海岸で保養していましたが、そこへ砂田君は鳩山首相の代理として三度来訪、長崎惣之助君辞任後の国鉄総裁を引受けろというのでした。私はその任でないと固辞しました。「国鉄は物的にも人的にも一大革新を要する時である。ところが国鉄には自主性がない。政府は実業家を物色していると伝えられているが、私はむしろ実力ある政治家がよいと考える。私ごとき官界に育った病軀老骨の能くなし得るところでない」

というのが辞退の理由でした。けれどもかれは私のいうことをききません。「政府や党でいろいろ候補者を物色したが、適任者がいない。鳩山首相も三木運輸相も、党の三木武吉君も、是非君に引受けるようにという。引受ければ、健康もよくなる、病気もなおる、赤紙が来たと観念してくれ」といって一歩も退きません。遂に私も意を決し、五月二十日三木武吉君と会い、三木運輸相とステーション・ホテルで会見、総裁就任が決定しました。

三木武吉君も砂田君や私と同様、明治十七年に同じ四国の隣県で生れた申年でした。三木君は砂田君より確か一ヵ月早く八月の生れであったように記憶しています。仙石貢、町田忠治、浜口雄幸、森恪等の諸先輩との関係から、早くから知り合い、申年同士というようなこともあって、殊に親しくしていた友人であります。その三木君は一昨年逝去し、今また砂田君と永別するに至りました。三十三年は戊年でありります。犬と猿とは仲がわるい。犬猿もただならぬ仲といわれますが、三木君も砂田君も、その仲のわるい戊年をさけ、一足お先にあの世へ行ってしまったのではないかしら。憎まれっ子の私ひとりが、淋しくこの世にとりのこされた形であります。君の病気をなおしてやるよ、といい、私をはげまして引出してくれた両君が、私にものもいわず、サッサと逝くとは、まことにつれないことであります。これが無常の人生とでもいうのでありましょう。

三木武吉君、砂田重政君、この両君と私とは同郷同年とはいいながらも、進んで来た人生行路の歩み方が全く違っておりました。そんなことから、生前は時たま会合の席上顔を合せるというだけで、二人だけ、三人だけで語り合うというような機会はめったにありませんでした。それでも、お互いに心の中に抱いていた交情は、綿々として絶えることなく、いつもほのぼのと温いものがありました。主義主張や、歩んだ途がどのように遠く離れたようなものでもありましても、また往々にして、それが全く相反する場合がありましても、常に一脈相通ずる心と心との繋がりがありました。これこそ真の友情でありましょう。人の縁ほど奇しきもの不思議なものはありません。

風格の人、佐田弘治郎君

稀にみる読書家の奇行の数々

最近国鉄の事故がだんだん減ってきていることは、まことにうれしいことですが、ただ一つ踏切における事故だけは漸増の傾向にあります。これは残念なことで、なんとかして踏切事故を減らしたいといろいろ苦心しているわけですが、施設のない踏切だけでも全国に五万ヵ所もありまして、これにチャンチャン鳴るベルだけをつける費用が一つ百万円かかりますので、全部につけると四百億円という巨費がいります。

いくらかかってもやりたいが、金の工面がつかない。どうしたらいいだろうかと関係者に研究もしてもらい、知恵をしぼってもらっていますが、なかなか名案がない。あるものは通行税を年額二十億も払い、しかも年々ふえているが、これをやめて、目的税としてその収入を踏切施設にあてるようにしてはどうかといわれた。またある人は、富クジを発行し、それによって得た収入を使うようにすれば、あわせて宣伝教育にもなるという意見を出しました。そのほかにもいろいろの意見がありますが、容易に結論を得ません。

この富クジ論から、はからずも友人の故佐田弘治郎君を思い出しました。実に面白い逸話に富んだ人でした。私より二歳年長で、学習院から東大を出て三井銀行に入りました。真面目な勉強家で、最初五年間は業務に精勤、六年目に銀行業務改善に関する意見書を重役に出した。二、三年つづけて建言したが、ただの一回も採りあげられない。とうとう腹をたてて辞表を書き、「私は毎年心血をそそいで銀行経営改善に関する意見書を出したが、全く顧みられないところを見れば、私はこの銀行にとって不要の人間と思います」といって提出しました。ところが頭取の早川千吉郎氏によばれ「君のことは僕が目をつけているのだから」と慰留されました。

そんなことがあったからでしょう。のちに早川氏が満鉄総裁になった時、秘書役として満鉄に入社しました。ある日、理事の松岡洋右氏が、「早川という人は、人物を見る目がない。オレは前にも一回理事をやったことがある。それだのに理事の二度の勤めをやらせるなんて正に明盲ではないか」といいました。ところが、佐田君は、その言葉そのままを早川総裁に伝えました。これには流石の松岡氏も困ったと見え、「オレは冗談にいったものだ。それをそのまま総裁にいうやつがあるか、けしからんやつだ」と閉口していたそうです。しかし佐田君は「秘書は、総裁と一心同体と思っています。したがって、私にいったことをそのまま総裁に伝え、正直に話しただけですよ」といってあえて屈しませんでした。

その後、早川総裁は突然死去しましたが、佐田君は引きつづき満鉄にのこりました。それから後、山本条太郎氏が総裁になり、松岡理事が副総裁になりました。自然佐田君は副総裁とソリが合わないで、かなり苦しい立場に立たされました。が彼は少しもその態度を改めませんでした。私が満鉄理事に就任して大連に参りましてから、佐田君とは不思議に意気投合し、調査企画の責任者として大いに働いてもらうようにしていました。しかし、私が満鉄を去ったのち、佐田君は東京に来て、大川周明君の主宰する東亜経済調査局で働くようになりました。ある時私のところに部厚い原稿を持ちこんで来たのです。それが富クジ論でした。

「この原稿は私が多年研究努力の結晶ともいうべきものです。日本のように国が小さく資源に乏しく、しかも人口の多い国では、とかく青年が希望を失いやすい。金をにぎることも一つの世にでる方法と思うが、まとまった金を得る道がどこにあってもいいのじゃなかろうか。正業は正業としてあくまで大切にしなければならないが、他面青雲の志をのばすチャンスを与えることも必要でしょう。アメリカの鉄道王バンダービルトはボーイ時代、お客からもらったチップをためて相場をやり、それがあたって成功、後年アメリカの財閥になるきっかけとなりました。そこで私は富クジこそ夢をもつ青年に希望を与えるものとして書いたわけですが、どこの書店でも出版してくれない。国のためになると思って心血を注いで書いたものです。誰もとりあげてくれないとは、なんというなさけないことでしょう。なんとかしてもらえないでしょうか」

かねて佐田君が異常の研究家であることを知っている私は、また彼の熱情に感じ、出版費用を援助しました。それによって彼の著作富クジ論が世に出たのであります。しばらくして、彼は息子をつれて来訪しました。きようは公式の訪問だというふれこみでしたので、「なにをいうか、二人の間に公式もなにもないじゃないか」といいますと「実はあなたの厚意によって自著の出版ができたので、どうして感謝の意を表しようかと家族会議を開いて家族一同頭をしぼったのです。その結果、一つの結論に到達しました。おやじが山県有朋公と懇意であった関係から書いてもらった公の双幅があります。それが佐田家唯一の家宝です。この家宝を君に献ずることに一決したので佐田家の家族会を代表して持って参りました。まげてうけてもらいたい。一家一門いかに君の厚意に感激したか、その気持ちを知ってもらうつもりで伜をつれて来ました」という。その山県公の双幅はいまもわが家に珍蔵されています。

彼は徳川義親侯と親しくしていました。ある冬の寒い日、義親侯を訪ね、応接室に通ってもレインコートを着たままでいる。侯がそれをとがめると、冬服も、オーバーも質に入れて着るものがなく、夏服のままだから勘弁してくれという。それに同情した侯は、早速自分の洋服をとりよせて着せてみたらどうやらまにあう。外套もちょうどよい。そこでこれをやろうというと「ありがたいが、もらうわけにはゆかない、君から衣食住を恵まれたとあっては一生頭があがらないから売ってくれないか」という。「よし売ってやろう」といったら、ポケットから財布をとりだし、あらいざらい底をはたいて十円あまりを払い、揚々として帰りました。

ところが、数日後、新宿を歩いていると乞食が浴衣一枚着てふるえている。気の毒になってありったけの金を与えました。そして一丁ばかり行ってまがり角で、ふとふりかえったら、その乞食がまだ手をあわせておがんでいました。彼はもうたまらなくなって、また引返し、折角徳川侯から譲りうけたオーバーを惜し気もなくぬいでやってしまいました。佐田君はおよそこんな男でした。

私が国府津にいたころ、佐田君との約束によって上京し、待ちぼうけをくわされたことが数回におよびました。しかるに、また会いたいといって来たので、君は約束してもあてにならぬから断るといってやりましたところ、約束を忘れたわけではないが、出かけようとすると腹が痛んで歩けなくなったり、途中で倒れてしまったりして、断る暇もなく、電話もかけられず、そのままになったのだから許してくれというのでした。それならといって私が彼を見舞い、鉄道病院へ連れて行って診察をたのみました。

ところが、入院加療の必要があるといわれ、それなら懇意な医者のいる牛込の東大分院に入院したいといって、そちらに参り、そこで死去しました。スターリンに送る書をかきたい。これを書きあげるまでは死にたくない。どうかいま暫く生かしてほしいと医者にたのんでいましたが、その念願もとうとう果し得ませんでした。英仏独語に通じ、常に丸善に通って、読みたい良書があると裸になっても買うという読書家でした。こんな風格の人間がいまは少なくなりましたが、やはり時々はいた方がよいように思います。

握手のまま永別の妻

不平も愚痴もなく黙々五十年家庭を守ってくれた

昭和三十三年の七月二十二日夜九時ごろ帰宅すると、いつものように直ちに妻の病室に入り、「只今」といって顔を見たが、ふと妙に弱っているように感じました。主治医が診察したあとで、背中に少しラッセルが残っているといって注射されたそうでした。入浴したいというのをとめて、私は一風呂あび、妻と雑談しました。新作（四男）も気にして医者に聞いたところ、特に異状はないといわれたそうです。だが、私は気がかりでしたので、妻をやすませ、その傍らで書きものをしながら、絶えず注意を怠りませんでした。

二年前、突然心臓性喘息の発作を起してから、当初は月に一回または二回発作のあったこともありましたが、その後やや経過もよく、発作も起こらなかったので、妻の希望を入れ、医者と相談の上、それまで付添っていた看護婦を一応帰しました。七月上旬のことです。

前年暮ごろ、夜半発作が起って一時人事不省になったことがあります。それ以来、私はかなり神経質になって、妻が寝返りをうっても目をさましました。看護婦がいなくなってからは、妻の手と私の手を紅白の紐でつないで寝るようにしていましたので、ちょっとでも動けば、すぐに私が目をさましました。妻がねむれない時は、私もねむらずに相手をし、汗が出れば拭うてやり、四時でも、五時でも、起きたがれば、一緒に起きて寝室で洗面をさせてやったりしていたのです。

その夜も書きものをしながら、時々のぞきこむように注意していましたが、いつまでも寝ないし、呼吸にやや異状を感じましたので、どうしたかと声をかけました。少し苦しいから起してほしいというので、脈をとって医者に報告させ、椅子に移して、しばらく話をしている中に零時ごろ発作がはじまりました。しかし、いつものようにひどく苦しまないので、軽い症状だと思いこんで安心していました。かけつけた医者が注射をいくつか打ち、静脈から血液をとり、発作がようやく落ちついて来たので、主治医と長女を病室にのこし、私は他の三人の医者と応接室に退き、病状を尋ねました。瀉血したので、段々落ちつくでしょうということでありました。

妻は大阪にいる娘にしきりに会いたがっていましたので、私は電話をして呼ぼうかと考えながら時計を見ると二時です。深夜驚かせるのも可哀相だと思い、もう一度病人の様子を見てからにしようと考えて、病室に入ったのが二時半でした。発作は収まっていましたが、だいぶん疲れているようでした。右に主治医、左に長女、その中に私が入って、どうだと一声かけますと、とたんに妻はグッと手を差しのばしました。私はやつれたその手を静かに握りました。とたんに妻はしゃべり出しました。しっかりした声でしたが、言葉は明瞭でなく、しゃべり終ったと思ったら、妻はそのまま目をとじてしまいました。妻は私と最後の固い握手をしながら、長女と末子をかたわらに、長い別れの言葉をのこし、いかにも満足したかのように静かに安らかに永遠の旅路についたのです。医者はいろいろ手をつくしてくれましたが、最早何の効もありませんでした。私は妻のなきがらにとりすがり、声をかぎりに呼びつづけました。呼んでは泣き、泣いては呼びました。しかしもう一言もその声を聞くことができませんでした。ああ。

思えば長い結婚生活でした。ちょうどこの年五十年になりますので、妻の病状がいくぶんでも軽快になったら、ささやかな宴でも開き、苦楽をともにした半世紀の思い出など語りあい、子供や孫達を集めて、互に慰め、互に感謝しようとその日をたのしみに待ちつづけていたのでした。ついにその日を迎えることができずにこの悲しみに会ったのです。天命ともいうべきでありましょう。

それにしても私は妻に苦労をかけすぎました。元来妻は健康に恵まれ、心臓性喘息に罹るまでは、お産の時以外床についたことがありません。暴君の私に嫁してからは、終始よく夫に仕え、母となっては子に奉仕し、育英事業に関係してからは郷党の青年学生のために、戦時中は義勇軍参加学生のために、不自由を忍んで奉仕するというように、生涯をあげて奉仕に徹しました。病源はそうしたところにあったのでしょうが、妻はむしろこの奉仕に無上の幸福を感じていたようです。

私がアメリカに留学中、留守家族手当は僅か七十円たらずでしたが、それで二人の子供を養い、家賃二十三円の家に住って不平一つ申しませんでした。私が疑惑をうけて収監された時、家宅捜索に来た係官に、これが子供の貯金で、お金はこれっきりですと淡々として語った妻の姿は忘れられない、と堀木鎌三君が時おり話していました。同じ運命に苦しんでいた人の中には、奥さんが苦しみに堪えかねてか、未決に在監中の夫に離縁状を送って来たものもあります。しかし、私の場合は、妻はかたく私を信じ、かつ深く愛して、世間のきびしい非難にいささかも動ずることなく、私を慰め励まし、貧苦の生活と戦いつつ愚痴一つこぼしませんでした。なんという恵まれた私でしょう。

浪人時代、映画研究や、化繊改良などで技術者、発明家と協力し、貧乏の上にさらに負債を作った時でも私のなすがままにしていました。のち満鉄に入って生活に多少の余裕ができましたら、妻は収入の一部をさき、借金の返済にあてていましたので、家庭経済にゆとりのできるいとまもありません。妻は人から借金をすることが大嫌い、物をもらっても、必ずお返しせねば気がすみませんでした。性格的には神経質でなく、むしろ呑気で朗らかな方でしたが、よそにご進物の時など、先方の家庭や、嗜好の点まで心を使っていました。極めてやさしく、反抗したり、怒ったりしたことはありません。絶対に人の悪口をいわぬ点は終生一貫していました。ただ半面渋い面もあって、自分がこうだと信じたことは容易にまげることをしませんでした。

私が国鉄総裁に就任した時、骨董品だの、時代感覚にずれがあるだのと、ずいぶんひどい新聞評が度々ありましても、妻は別に憤慨もしませんでしたが、万一時代感覚にずれがあっては大変だと内心心配はしていたようで、是非一度戦後の世界を見てくる必要があるとしきりにすすめたものです。私は欧米よりむしろ新興アジア諸国を見たいと思い、三十一年春出発と決ったのですが、労働問題のため実行でき

昭和 32 年（1957）、73 歳、妻キク 69 歳。

ませんでした。その夏ＭＲＡの世界大会に列し、かたがた欧米視察の機会を与えられた時、私より妻が一段とよろこびました。妻を同伴することができなかったので、せめて気分だけでも味わせたいと考え、ホテルにつけばすぐ絵葉書を求め、到るところの風物とともに私の動静を逐一妻に書き送りました。一日十枚以上書いていました。

尊敬する先輩故真鍋嘉一郎先生は、夫人を亡くした時、当分大学の講義をやめ、位牌の前でお経ばかり読んでいました。親友は先生の自殺を懸念して、強引におしかけて先生の側に寝ました。私は今にしてはじめて先生の心境がわかりました。私の心の奥底には妻の愛情、魂が生きています。それだのに私は今や全く虚脱状態になってしまって、どうにもしようがないのです。

妻は古くて新しい人でした。読書を好み、音楽を勉強しました。結婚当時私の両親のいうがまま家風見習に四国の郷宅で暮しましたが、紅白粉を全然使わないといってエラク両親の気にいりました。妻の父は遠州中泉の産で、徳川家の直参でした。明治五年東郷元帥と同船でイギリスに留学し電気を学びました。母は青森の士族の娘、父が青函間海底電線敷設のため、青森に滞在中、縁あって結ばれたと聞いております。妻はこの両親の性格をうけたようです。

妻が世を去る二十日前、私とともに庭の芝生を一回りし、二人ならんで庭石に腰かけているところを末子が写真にとりました。なんの屈託もなく天真爛漫そうな妻の姿を見て、ある友人が地上に見る天国のようだと申しました。この一言は私をホッとした気持ちにしてくれました。

母——そのひろき愛に

——解説にかえて

加賀山　由子

母の思い出を書くのは、母の亡くなった七十一歳を越えた私には、自分の事を記すような気がする。万華鏡を覗くように、様々な思い出が、浮んでは消え、消えては浮ぶ。それは一瞬の出来事の様でもあり、計り知れぬ遠い昔の出来事の様でもある。

母は、特に信仰を持った人ではないが、慈愛深い性格であった。

女の愛は、兎角夫や家族の周辺に止まるが、母のは、接する人すべてに及ぶという趣を持ったものであった。そしてそれは、修養とか逆境とかで培われたというよりは、むしろ天性持ち合わせた素質そのものであるように思われる。

どんな時にも変らぬ幼な子の様な心は失われることなく、生涯持ち続けたものであった。

母は気が利いたとか、賢いとか、そういう様子は、微塵も持ち合わせていない。平凡で、控え目で、お人好しであり、又その頃の婦人の様に、家事の達人というわけでもなかった。

けれど、何処となく誰もが持ち合わせぬものを具えていた。父以上の人物と評した人もいる。つまり、現実的な智恵には欠けるところがありながら、本当のものを見据える眼を持っていたといえよう。

騙されたことも多かった。つまらない布団綿を沢山買込んだり、郷里のタオル屋さんという人にお金を払込んで、全然品物がこなかったり、こういう事は、日常茶飯事だった。けれど又、知りながら、騙される事も多多あった。

自分を、騙さなければならない人への、思いやりであったろうか。無邪気に騙されるから、騙した人にはわからない。そういうやり方であった。

若い時、私はよく腹を立てた。騙される母が、馬鹿に見えて我慢がならなかった。母は黙っていたが、しばらくしてこう呟いた。「あなたは、本当に困ったことがないからねえ。」この一言は、深く私の胸にこたえた。母には全くかなわないと思った。

何も話してはくれなかったが、若い時の母は、経済的に相当苦しい生活を経験したらしい。金を借りて返さない人、騙して物を売りつける人、その人達への、憎しみの言葉を、聞いた事はなかった。

六人もの子福者であった母は、教育にどういう信念を持っていたのだろうか。

あまりにも父に仕える事が多かった為であろうか、母は子供に対しては、放任主義であった。あらざるを得なかったともいえよう。手に取る様に教えなかった代りに、身を以て、示してくれたともいえる。

誠実、正直、親切、見栄を張らぬ事など、母の姿から、私達は多くの事を学んだのである。私達は父母に報いるに、あまり非力に過ぎるが、その信念だけはそれぞれの形で深く胸底に刻みつけられていると思う。

＊＊

母は明治二十一年二月二十一日、岡崎重陽、たみの長女として、北海道函館で生れた。祖父の事は、くわしく聞いてはいないが、東京の生れで、若い頃は逓信省の技術者として、英国に渡った事もあり、進歩的な精神の持主である。けれど、私の記憶している祖父は、ごくおだやかな人柄で、小樽の郵便局長をしていた。

祖母たみは、青森県の出身、野沢家の一人娘で、しっかり者であり、今でいえば、教育ママであろうか。

函館の女学校に在学中の母は、或日突然に東京で勉強したいと云いだした。あのおとなしい母が何故にと思うが、世は青鞜の新しい女の時代であり、北海道という新天地が、いち早くその影響を受けなかったとはいえまい。母と弟妹と三人の子を持った祖母は困惑した。母は、一人でも行くと云い張ったので、生来教育ママの祖母は、祖父を残して、三人の子を連れて上京した。

母は、日本女学校へ入学、首席になったそうである。これは、妹である河原の叔母から聞いたことで、母はその様なことは、一言も云ってはいない。

父に唯従順な母を見ていた私には、とても想像出来なかった。しかも母は、卒業後音楽学校（現在の芸大）に入学している。これは驚きであった。

その頃の西洋音楽は、まだ曙時代で、最も新しい分野である。子供の頃、古いオルガンが家にあったのを覚えている。けれど子供達は、母がオルガンを弾くのを、耳にした覚えは殆どない。結婚後、父がオルガンを弾くのを、禁じたのではないかと思うけれども、母は何も触れないので定かにはわからない。

唯、折にふれて家族で合唱するとき、一際高く、嬉しそうに歌うのが母であった。日本の婦人ピアニスト第一号の、久野久子女史達と、一緒に撮った写真も残っている。音楽学校時代の母の写真は、目許すずしく美しかった。

音楽学校時代の話を聞かせられた事はないが、「始めてオーケストラを聴いた時、これこそ天上の楽ではないかと感激した。」と語ってくれた事がある。ぴったりとやめた音楽は、一体何処で、母の心に、響《な》り続けていたのだろうか。

父母の結婚のロマンスを聞いた事はない。晩年の父に、それとなく聞いてみても、忘れてしまったのか、照れ臭いのか、ごまかしてしまって、仔細に話してはくれなかった。しかし、見合結婚でない事は事実である。父が帝大生時代に、母の家に下宿していたか、或は、近所にいたのではないかと想像されるのである。

父は、例の直情径行から、祖母のところへ結婚を申込んだのではないかと思うが、つまびらかではない。唯、相思相愛というのではなくて、父の方が、一方的に惚れこんだように思われる。

お金もなく、しかも学生の身でよくもと、呆れるばかりだが、その頃の帝大生は、エリート中のエリートで、自分達が、今後の国家を背負って立つという意気に燃えていて、一人前の男子として、世間にも通用していたのであろう。

その時に、先ず教育ママの祖母が、父の人物を見込んで、此の人なら、娘を預けるに足る人と見極めたのではあるまいか。

父の強烈な個性に、さすが大らかな母もたじたじとして、祖母に何度か訴えた事があるらしい。その度に祖母は、「此の人は絶対信頼に価する人で、お前は唯従《っ》いてゆけばよいのだ。」と云い聞かせたらしい。

夫婦というのは、楽しく、愛し合うもの、家庭は楽園というような雰囲気は、少女の私には感じられなかった。

夫とは大変なもの、父は恐しいもの、いつもむつかしい仕事をしているもの、私はそう思っていた。

娘には、夫に服従ばかりしている母が、憐れであった。エリートの妻でありながら、台所と主人子供の世話に追われ、粗末な身なりをして、あまり外出することもなかった。

その上、父は隣に、郷里の学生を二十人位預り、その舎監の務めもしていた。

朝夕、厳しい顔付で、見廻り、郷里の子弟の育成に務めていた。

その人達の母親役は、これ又母の務めであった。長火鉢の前に、学生達が、時々訪れては、世間話をしたり、小遣いを融通してもらったり、餅菓子や煎餅を一緒に食べたりしていた。

若い人と話をしている時の母は、楽しそうであった。紺絣を着た青年達は、父に話せない恋愛や、郷里からの送金のやりくりなどを、母親に訴えるように話していたのである。

これは、大正七、八年から、十四年にかけて、小石川林町五七番地から、大塚坂下町一〇六番地に住んでいた頃のことである。大塚坂下町であるが、急な坂上にあって、父は経理局会計課長だったと思う。

関東大震災は、その大塚の家で遭遇した。それは、十河の家を揺るがす事件の発端となったのである。

父が、後藤新平氏の要請を受けて、東京市復興事業に当り、疑獄事件が起きた時、母はまだ四十歳に満たなかったのではなかろうか。

十三歳であった私は、その折の事は、はっきり覚えていない。唯、母が、取乱したり、機嫌を悪くしたりという記憶は全然ない。何となく家がざわざわとして、暗い気分が、漂っていた事を、うっすらと覚えている。

新聞は、あることないことを、はげしい調子で書きたて、私は片身狭く小さくなって、学校へ通った。雑司が谷の墓地の道の長かったことを、忘れられずにいる。

本当に質素に暮していた私達は、生活が変るという程のこともなく、前のままの暮しであった。一番辛かったのは、母だったと思うが、私はまだ幼くて、思いやることもなく過していた。

私の記憶に残っていて、経済的にも辛かったのだろうと思ったのは、大塚の家を出て、小石川伝通院前に移ってからの頃である。

大倉氏の邸宅であるという風情のある古風なその家は、相当広かった。大正の終りから昭和三年頃まで住んでいたと思う。白秋の書物の出版元である「アルス」という、しゃれた社屋の近くで、歌集「桐の花」に傾倒していた私は、いつも心ひかれながら、その道を通ったものである。

父の事件は片附かなかったが、父は気張った様子で、毎日出かけていた。何をしているのか知るよしもなく、母と子供達は、変らぬ生活を続けていた。華やいだ思い出は何も浮んでこない。最も世間一般が地味であり、羨しいと思う事もなく、家へ帰っても、おいしいお八つがある訳でもないし、味噌汁と煮物と鮭などの夕食を、女中さんも交えて、黙々と食べていた日々である。

其の頃、成城高校へ入学した兄ひとりが、何となく自由な風を、家に持ちこんでいた。兄の友達が来た時だけは、電車通の西川から洋食を取った。その頃では割合高級なレストランだった。私の友達には、取ってくれなかったので、ひそかに不満に思ったものである。

その様な中で、私は女学校を卒業することになったが、母は、「家事は、女が一生しなければならない事で、若いうちは、勉強した方がよい。」と、女子大入学を奨めてくれた。生活が逼迫しているとは思わなかったけれども、兄を京大へやり、私を女子大に通わせる事は、楽ではなかったろうと、今、有難く思うのである。

赤の旋風の荒れた時代であり、父の事件も決着がつかず、母もあまり楽しげには見えなかったし、私の部屋の窓を通して、爛漫と咲く酣《かん》の桜は、少女の心を、時に憂欝にした。

其の後越した本郷弓町の家には、明るい思い出がある。

車寄せの附いた明治調のその家は、ヨーロッパ風の家具が置かれ、蔓薔薇の咲き廻《めぐ》る庭を持つ元侍医頭青山博士の邸宅である。

昭和四年此処で父は晴れて無罪となり、やがて乞われて満鉄理事となり渡満した。家には小さい弟妹ら六人が居り、絶間なく来客があって活気に満ちていた。そして兄と私は大学を卒業した。

相変らずの生活ながら、時には中華料理のコックを呼んで来客をもてなしたり、母も仲人役や会合などで、度々外出もした。

昭和七年私の結婚を機として、母も幼い恵子と新作を連れて、大連に行く事になった。

此の大連生活が、母にとっては一生のうち、一番華やかな時代ではなかったろうか。母の両親も元気であり、子供も今の様な塾通いもなく、祖母、叔父の家に預って貰い、数々のしがらみを始めて断ち切って、母は新しい土地へ出かけたのである。私は結婚していたので、母達が大連でどんな生活をしていたか、つぶさに知るよしもないが、当時の事で、コック夫婦を雇い、女中もいて、満鉄黄金時代の生活だったのではないかと思う。あまり母から手紙を貰った記憶もなくて、結構社交にも多忙だったようである。

父に尽すのみで、月給のあらかたは父が使うのだと聞いていて、二三枚しかなかった母の着物が、帰京した時美しい訪問着などあるのに驚いた。自分の意見を云ったり、時に知人と食事に出かけたりするのも驚きであった。新しい日本の開拓地は、一足先に、西洋風のスタイルを、家庭に持ちこんだように思われる。

父は常に新しい仕事を企画し、生気にみちていた。たまに父と一緒に車に乗って出かける時、いつも中で書類に目を通している厳しい顔付の、潑剌とした姿は、頼もしく誇らしかった。ウエスチングハウスの電気冷蔵庫が届いた時は、得意であった。其の頃はまだ三台位しか輸入されなかったと聞いたものだ。

新しい家が、大方母の考えで建築され、兄も結婚したが、やがて戦争の機運は、次第に我家にも訪れた。

昭和十七年五月八日、三菱商事から、南方に派遣された兄の船が、直後潜水艦の攻撃により沈没し、帰らぬ人となった。母は気丈な態度であったが、その衝撃は、生涯尾を曳くものであった。

戦時中の母は、まだ元気であったから、父と共に、様々の人の世話をして多忙であった。物資不足の折に、人の世話をするのは容易な事ではない。長逗留の人に、父でさえ音をあげると、母は、「最後までお世話をしなければ、何もしないのと同じ事です。」と云い切った。私は、母もやるなあと見直す思いだった。時々母は、ズバリと父をやっつけることがある。父の唖然とした顔が面白い。子供達は、ひそかに顔を見合せて、喝采を送ったものである。

戦後、本郷の家は接収され、国府津に仮住居の父母は、物心両面に、淋しいものだったろうと思う。六十代の母が、大変年老いて見えた。私にとって、常に鉄扉の様に聳えていた父の背が、或日ホームの雑沓の中で、かがんで弱々しく見えた時は、ショックであった。

長男は死に、家は接収され、事業財産を失った父母であった。けれど、父母二人だけの明け暮れには、今迄見られなかった家庭的雰囲気があった。足の悪い母に代って、豆腐など買いに行く父の姿は、いじらしかった。そういう時も、父は昂然

昭和 17 年（1942）頃、本郷弓町の自宅にて。

として胸を張り、野菜なども買いに歩いていたのである。

川田順氏の「老いらくの恋」の侘住居も近くにあり、旧知の川田氏を父は尋ねる事もあった。まだ戦後の混沌とした時代であり、物も金も職もない父は、本当に肩を寄せ合って、母と暮していたようである。

六十半ばにしては、母は本当に体が衰えていた。けれど相変らず文句も愚痴も云わず、与えられた境遇の中に、泰然と身を置いているのであった。

時々訪れる国府津の往復の車内で、私は父母を思い、日本を思った。そんな中でも、常に未来を眺め、前進しようとする父の考えは、頼もしくもあり、一抹の哀愁を感じさせたのである。

母は、夫を疑うことなく常に童女の様な安らかさでありその信頼は最も父を力づけたようである。不遇の時の妻の信頼は、叱咤激励に勝るものであろう。ただ服従ばかりしている様な母の、いざという時の肝の坐った態度は、時に、父を圧倒するものがあった。

浪の音が殊更激しい夜、淡い電灯の下に、父母は何を語り合ったのだろう。いのしかチョンをしている時もあった。最も膝を寄せ合った海辺の仮住居であった。

国の内外も事件が多かった。整わない電車は、絶えず事故を起こし、ストライキ、デモと騒然とした中で、二十九年洞爺丸の大事故が起きた。そして、父の晩年の生活の一大転機となったのである。

父は、四代目国鉄総裁として就任することになった。父母は国府津を引上げて、初台の総裁宿舎に移った。その時の、母のもらした言葉がふるっている。「今度おやじが月給取りになりましてねえ。」

私は此の言葉の中に、万感の母の思いが籠められていると思う。何もかも失って、母の生活は楽ではなかったのだ。ようやく給料が入るので、母もやっぱりほっとしたのだろう。それから数年後に母は心臓喘息で亡くなるが、夫をあくまで信じ従った母は、遂に裏切られはしなかったのである。

父は、本来の姿に立ち戻り、国の為め、鉄道の為め、一身を賭して仕事を始めた。総裁の仕事は激務であった。毎晩書類箱が一杯になって届けられる。父は宴会にはあまり出なかった様だが、夜は必ず書類に目を通す。母は傍でお茶を淹れながら坐っている。十一時十二時過ぎても、父はまだやめようとしない。母は居眠りを始める。倒れそうになっては、はっと起きる。父はそれを見ていて、決して先に寝るようにとは云わない。母もお先に、とは云わない。これはもう、五十年近く続いている風景である。

鉄道はまだ、日本の大きなシンボルであった。流通機関の中心であった。けれど、自動車の急速な進出に、鉄道の将来を思う父に、年来の新幹線の構想が始まった。

母は、仕事に渾身を傾ける夫の傍に、幸せであった。此の男に従いてゆけと云った自分の母の言を、今自らうべなう事が出来たのである。

昭和三十一年の暮れ、クリスマスを父母と共にと、家族連れで皆が集った夕、母は突然倒れた。心臓喘息の発作で、非常な苦しみであった。

それから二年間、母は父の傍で療養生活を送った。ふくよかだった頰も痩せ、発作に苦しむことが多かったが、生来のほほえみは絶やさなかった。

此の間《かん》の父の母に対する看護の仕方は徹底していた。激務なのに、夜の食事は殆ど母と一緒に、ベッドの傍の小さなテーブルで摂った。せっかちな父が、よくもこんなに気が長く出来ると驚く程のやりかたで、母の食事の面倒をみた。それは、娘の私が手を下すことが出来ぬ程で、思わず涙が零れた。

夜は、赤い紐で、母の手と結び合い、母が苦しんだら、すぐ引張って知らせる様にと配慮した。其頃、私が色々手伝おうとすると、母はすこし云い澱みながら、

「おじいちゃんが帰ってしてくれるから。」と云う。

私は、父が眩しく見え、母を本当に幸せな人だと思った。

激しくて、時に感情的な父と共に、有為転変の生活だった母の心の底には、絶大な信頼感と、同一の価値観があったのだと思う。

人間そのものに対する父の優しさを理解し、必死に生きてゆく人生への取組みは、母の大らかな支えによって、最後に見事な夫婦像を築き上げたのだと思う。父なくして母はなく、母なくして父はない。

私は父母を思う時、かなしみと幸福感とに包まれる。何の私慾もなく、見事に人生を生きた父母たち、それは両親であるが、遠い虹をみる様な思いである。

私は、母の事に絞って書く積りであったが、いつの間にか、父母の事になってしまった。思えば、同行二人の歩む姿である。

まだまだ書き足りない幾多の思い出があるが、まこと父母は、明治のロマンをもって、昭和を生き抜いた人たちであるという思いを、深くするのである。

編集附記

・本書は一九五九年（昭和三十四）、財団法人交通協力会より刊行された『有法子』を底本に使用し、文庫化したものである。
・加賀山由子「母――そのひろき愛に」は、『十河信二』別冊（十河信二伝刊行会・一九八八年）を底本に使用し、本文庫にて新たに併録した。
・難読語に適宜振り仮名を附すとともに、著作権継承者の承諾を得て、用字用語等、表記に若干の修正を施した。

（編集部）

ウェッジ文庫

有法子　十河信二自伝

二〇一〇年二月二十四日　第一刷発行

著者……十河信二
発行者……布施知章
発行所……株式会社ウェッジ
〒101-0052
東京都千代田区神田小川町一－三－一
NBF小川町ビルディング3F
TEL：03-5280-0528　FAX：03-5217-2661
http://www.wedge.co.jp　振替 00160-2-410636
装丁……上野かおる
組版……株式会社リリーフ・システムズ
印刷・製本所……図書印刷株式会社

※定価はカバーに表示してあります。
ISBN978-4-86310-065-7 C0195

青木照夫　いま、なぜ武士道なのか
　　　　　――現代に活かす『葉隠』100訓
浅見　淵　新編　燈火頬杖
　　　　　――浅見淵随筆集（藤田三男編）
岩佐東一郎　書痴半代記
岩本素白　東海道品川宿
　　　　　――岩本素白随筆集（来嶋靖生編）
内田魯庵　貘の舌
大原富枝　彼もまた神の愛でし子か
　　　　　――洲之内徹の生涯
　　　　　ベンガルの憂愁
　　　　　――岡倉天心とインド女流詩人
川上澄生　明治少年懐古
楠見朋彦　塚本邦雄の青春
久保博司　日本人は何のために働くのか
食満南北　芝居随想　作者部屋から
小池　滋　余はいかにして鉄道愛好者となりしか
島内景二　光源氏の人間関係
薄田泣菫　独楽園
十河信二　有法子――十河信二自伝
筒井清忠　時代劇映画の思想
　　　　　――ノスタルジーのゆくえ

ウェッジ文庫　目録

中西　進　日本人の忘れもの　1
　　　　　日本人の忘れもの　2
　　　　　日本人の忘れもの　3
野口冨士男　作家の手
　　　　　――野口冨士男随筆集（武藤康史編）
橋本敏男　増補　荷風のいた街
馬場孤蝶　明治文壇の人々
林えり子　清朝十四王女――川島芳子の生涯
　　　　　竹久夢二と妻他万喜
　　　　　――愛せしこの身なれど
平山蘆江　東京おぼえ帳
　　　　　蘆江怪談集
福原義春　変化の時代と人間の力
　　　　　――福原義春講演集
松永伍一　蝶は還らず
　　　　　――プリマ・ドンナ喜波貞子を追って
三浦康之　甦る秋山真之　上
　　　　　甦る秋山真之　下
室生犀星　庭をつくる人
　　　　　天馬の脚
柳澤愼一　明治・大正　スクラッチノイズ